HEYNE‹

W0195580

Dr. Volker Kitz (links) hat Jura und Psychologie in Köln und New York studiert und unter anderem als Wissenschaftler am Max-Planck-Institut gearbeitet. Heute lebt er als freier Autor in München. Beiträge von Volker Kitz erschienen in renommierten Medien wie *Frankfurter Allgemeine*, *Die Welt*, *Financial Times* und *Spiegel Online*. Zudem publizierte er zahlreiche Fachveröffentlichungen in wissenschaftlichen Zeitschriften im In- und Ausland. Wegen des »Dr.-Fox-Effekts« hat er immer eine saubere Krawatte in der Tasche.

Dr. Manuel Tusch studierte Psychologie und Erwachsenenbildung in Köln und Amsterdam. Er hat eine psychologische Praxis in Köln, leitet das Institut für Angewandte Psychologie (IfAP), das unter anderem eine Coaching-Ausbildung anbietet, und ist Lehrbeauftragter an mehreren Universitäten. Seine Arbeitsschwerpunkte im Psycho-Dschungel sind Coaching, Mediation, Supervision und Gesprächstherapie. Seit er den »Selbstreferenz-Effekt« kennt, weiß er auch, warum er jede Macke am liebsten einmal selbst ausprobieren würde …

Bücher von Dr. Kitz & Dr. Tusch sind *Spiegel*-Bestseller und erscheinen in mehr als zehn Sprachen. Mit ihren Veranstaltungen im In- und Ausland verblüffen und unterhalten Dr. Kitz & Dr. Tusch eine große Anhängerschar mit lehrreichen Live-Experimenten.

www.kitz-tusch.com

Dr. Kitz & Dr. Tusch

WARUM UNS DAS DENKEN NICHT IN DEN KOPF WILL

Noch mehr nützliche Erkenntnisse der Alltagspsychologie

Wilhelm Heyne Verlag
München

Verlagsgruppe Random House FSC® N001967
Das für dieses Buch verwendete FSC®-zertifizierte Papier
Holmen Book Cream liefert Holmen Paper, Hallstavik, Schweden.

Originalausgabe 1/2014

© 2014 Dr. Volker Kitz, Dr. Manuel Tusch
© 2014 by Wilhelm Heyne Verlag, München,
in der Verlagsgruppe Random House GmbH
Redaktion: Kathinka Nohl
Umschlaggestaltung: Eisele Grafik-Design, München
Umschlagfoto: Mareike Foecking
Cartoons: © Rabe, nach Ideen von Volker Kitz
Satz: EDV-Fotosatz Huber/Verlagsservice G. Pfeifer, Germering
Druck und Bindung: GGP Media GmbH, Pößneck
Printed in Germany 2013
ISBN: 978-3-453-60291-5

www.heyne.de

INHALT

Q & A

Zu unserem letzten Buch *Psycho? Logisch! Nützliche Erkenntnisse der Alltagspsychologie* mailte uns ein Schüler:

»Sie schreiben, dass wir Menschen mögen, die so ähnlich sind wie wir. Ein Mitschüler aus meiner Klasse hat einen sehr hohen Intelligenzquotienten (IQ). Dieser Schüler mag mich nicht.
Heißt das, ich bin dumm?«

Das ist nur ein Beispiel von vielen dafür, wie aufmerksam Sie, liebe Leserinnen und Leser, der Tätigkeit des Lesens nachgehen. Und wie Sie mitdenken. Das freut uns, denn so kam es mit vielen von Ihnen zu intelligenten und lustigen Dialogen.
Dafür danken wir Ihnen von Herzen!
Und der Schüler hat natürlich völlig Recht mit seiner Frage. Betrachtet man *nur* das Ähnlichkeitsprinzip, dann könnte seine Sorge berechtigt sein. Aber in der Psychologie wirkt selten nur ein Effekt allein. Verschiedene Effekte können sich überlagern oder gar aufheben. Es könnte ja zum Beispiel auch sein, dass unser Leser die Intelligenzbestie selber nicht so mag, weil sie

immer mit ihrem IQ prahlt. Dann greift das Gesetz der reziproken Zuneigung oder hier besser der reziproken Abneigung: Wer mich (nicht) mag, den mag ich auch (nicht). Oder die beiden sind sich eben doch nicht so ähnlich, weil die Intelligenzbestie den ganzen Tag nur ausgewählte Dokumentationen auf *arte* und *3sat* schaut, während unser Leser auf der Skaterrampe abhängt und dort mit seinen Kumpels die Alltagspsychologie bespricht.

Alle Effekte können je nach Mensch und Situation unterschiedlich stark auftreten. Und das ist Ihre Herausforderung: Die Phänomene aus unseren Büchern in Ihrem Alltag wiederzuentdecken! Auszuprobieren. Herauszufinden, was wann wie wirkt – bei Ihnen selbst und bei den Menschen um Sie herum.

Bevor's losgeht, beantworten wir gern auch noch einige weitere Fragen von Leserinnen und Lesern:

Sind Sie verheiratet?
Nein, wir sind nicht miteinander verheiratet.

Wie haben Sie sich kennen gelernt?
Gar nicht. Wir arbeiten zusammen, weil »Dr. Kitz & Dr. Tusch« so toll klingt.

Sie sind ja noch ziemliche Milchbubis. Wie können Sie da schon »Experten« sein?

Wir verraten Ihnen gern die Telefonnummer unserer Maskenbildnerin.

Wird es eine Fortsetzung von *Psycho? Logisch!* geben?

Ist die Frage noch aktuell?

Muss ich *Psycho? Logisch!* gelesen haben, um Ihr neues Buch zu verstehen? Kann ich mir das neue Buch sparen, *wenn* ich *Psycho? Logisch!* gelesen habe?

Es ist wie beim *Tatort*: Sie können den nächsten mit Gewinn sehen, völlig egal, ob Sie den letzten auch gesehen haben. Dieses Buch enthält ganz neue, andere Effekte. Wenn dabei Fachbegriffe aus unserem letzten Buch vorkommen, erklären wir sie nochmal kurz in einem Satz.

Bekommen Sie auch Geld, wenn ich Ihr Buch nur kaufe und nicht lese?

Zum Glück ja. Aber in Möbelgeschäften finden Sie auch günstige Buchattrappen.

Haben Sie in Ihren Doktorarbeiten abgeschrieben?

Das hat leider noch niemand überprüft, weil wir zu unwichtig sind. Wir müssen wohl erst Politiker werden, damit sich diese Frage klärt.

Können Sie mich in Ihrem nächsten Buch mal grüßen?
Hallo.

Stellen Sie die komplexe menschliche Psyche nicht etwas vereinfacht dar?
Ja.

Können Sie mal was zum Thema »Aufschieberitis (Prokrastination)« schreiben?
Dafür hat die Zeit diesmal leider nicht mehr gereicht.

Vielen Dank für die vielen Tipps. Können Sie in Ihrem nächsten Buch bitte eine Technik verraten, mit denen ich mir all die Effekte auch noch merken kann? Das wäre ganz reizend.
Dazu kommen wir sofort im ersten Kapitel. Und noch mal in späteren Kapiteln.

Warum machen Sie so viele Witze über Sex?
Sie wollen es doch auch.

Was heißt Q & A?
Das ist jetzt ja wohl auch egal.

Gibt's bei Ihnen was zu gewinnen?
Ja! Schauen Sie ganz am Ende, auf Seite 276 …

Wie kann ich mit Ihnen in Kontakt bleiben?
www.facebook.com/KitzTusch

Wir wünschen Ihnen viel Spaß und gute Erkenntnisse.

Herzlich,
Dr. Volker Kitz & Dr. Manuel Tusch

München/Köln, Dezember 2013

www.kitz-tusch.com
mail@kitz-tusch.com

WER DENKT, HAT MEHR VOM LEBEN – UND WER AN SICH DENKT, HAT AM MEISTEN

Der »Generierungs-Effekt« und der »Selbstreferenz-Effekt« helfen Ihnen, das Meiste aus diesem Buch herauszuholen

Ergänzen Sie folgenden Lückentext mit den Worten, die Ihnen passend erscheinen (tun Sie es wirklich, es ist ein Experiment!):

Es gibt Momente in meinem _____ Leben,
(wertendes Adjektiv)
da frage ich mich wirklich: In welchem _____
(Räumlichkeit aus der
_____bin ich eigentlich gelandet? Liegt es an mir
Tierhaltung)
oder hat man euch allen ins Hirn_____
(Verb der körperlichen
_____?
Ausscheidung)
Es kann doch wohl nicht sein, dass ich nur von_____
(Begat-
_____und Leuten mit _____
tungsverb + kleinwüchsige Tierart)   (psychiatrische Diagnose)
umgeben bin. Ihr kommt euch alle vor, als würde euch

_____ aus dem _____wachsen,
(schmackhafte Pflanze)   (Körperöffnung)
aber in Wirklichkeit seid ihr einfach nur _____
(persönliche

_____. Manche von euch sind sogar regelrechte
(Beleidigung)

_____ -Gesichter!
(unschöner Gegenstand oder Körperteil)

Dabei würde ich euch viel lieber so_____wie
(emotionales Verb)

mein(e) _____, mein _____ oder wie
(Haustier)   (Smartphonemodell)

_____. Es wäre doch _____
(österreichische Mehlspeise)   (positives Adjektiv aus der

_____, wenn wir uns alle ein bisschen mehr____
Jugendsprache)   (Verb

_____ würden.
der Zuneigung)

Daher mache ich jetzt mal den Anfang und lese ein

Buch, das erklärt, wie ihr alle so tickt.

Und vielleicht erfahre ich dabei auch, warum *ich* immer

so viel _____.
(Verb)

- -

Nun decken Sie den oberen Teil ab und erinnern Sie

sich an fünf Wörter aus dem Text:

1. _____

2. _____

3. _____

4. _____

5. _____

An welche Wörter haben Sie sich am ehesten erinnert?
Wahrscheinlich an diejenigen, die Sie selbst ergänzt
haben – und die noch dazu mit Ihnen persönlich zu
tun haben.
Stimmt's?

So funktioniert unser Gehirn. Und wenn wir das wissen, können wir daraus eine schöne Merktechnik ableiten, die Sie in diesem Buch nutzen können, in allen anderen Büchern und auch sonst in Ihrem Leben.

Gleich zwei Effekte wirken hier raffiniert zusammen. Erstens der sogenannte »Generierungs-Effekt«: Informationen und Worte, die wir selbst »generiert«, also geschaffen haben, merken wir uns leichter als solche, die wir nur lesen. Nachweisen kann man diesen Effekt mit einem ganz ähnlichen Experiment wie dem, das Sie gerade selbst durchgeführt haben: Man lässt Probanden einen Lückentext ausfüllen und prüft hinterher, wie gut sie sich an bestimmte Wörter aus diesem Text erinnern. Das Ergebnis können Sie sich denken: Am besten bleiben die Wörter hängen, die sie selbst ergänzt haben.

Nun könnte man meinen: Klar, diese Wörter bekommen ja auch mehr Aufmerksamkeit, allein durch die Lücke. Also hat es vielleicht den gleichen Effekt, wenn man die wichtigen Stellen einfach nur hervorhebt. Dann müsste man gar nicht selber denken, um etwas besser zu behalten. Deshalb druckt man in demselben Experiment einige Wörter rot. Zwar erinnern sich die Probanden an die roten Wörter besser als an die normal schwarz gedruckten – aber nicht so gut wie an die Wörter, die sie selbst eingefügt haben.

Entscheidend ist also tatsächlich, dass unser Gehirn die Information selbst geschaffen hat und wir sie nicht nur lesen. Der Generierungs-Effekt ist inzwischen auch für Rechenaufgaben und Bilder nachgewiesen.

Zweitens wirkt hier der sogenannte »Selbstreferenz-Effekt«: Wir können uns Informationen wesentlich leichter merken, wenn wir sie irgendwie mit uns selbst in Verbindung bringen.

In klassischen Experimenten dazu legt man Probanden verschiedene Adjektive vor, zum Beispiel »lang«, »bunt«, »querfeldein«. Zu den Wörtern stellt man den Probanden verschiedene Fragen: Was bedeutet dieses Wort? Ist es ein langes oder ein kurzes Wort? Worauf reimt es sich? Beschreibt dieses Wort Sie?

Hinterher testet man, welche Wörter sich die Probanden am besten merken konnten. Es stellt sich heraus: Mit Abstand am stärksten setzen sich die Adjektive fest, welche die Probanden auf sich selbst beziehen (wie auch immer ihnen das bei »querfeldein« gelingt).

Andere Studien zeigen: Sogar fremde Geburtstage können wir uns besser merken, je näher sie an unserem eigenen liegen. Das kommt Ihnen vielleicht bekannt vor: Wir wissen eher, wenn jemand »zwei Tage vor mir« Geburtstag hat als in einem ganz anderen Zeitraum.

Der Generierungs-Effekt und der Selbstreferenz-Effekt helfen Ihnen dabei, eine Information besser zu »enkodieren«. Die Enkodierung ist ein wichtiger Arbeitsschritt unseres Gehirns vor der Speicherung: Informationen in eine Form zu bringen, die sich in Ihrem Gedächtnis einnisten kann. Lernen Sie zum Beispiel auf einer Party jemanden neu kennen, dann können Sie diese Person unmöglich in Ihr Gehirn stopfen – dafür ist sie viel zu groß. Also »verkleinern« Sie sie. Sie suchen sich dazu eine Information heraus, die *für* die Person steht und die Ihr Gedächtnis speichern kann. Das nennt man eine »mentale Repräsentation«.

Die mentale Repräsentation kann zum Beispiel visuell sein (rote Haare), akustisch (schrille Stimme), ein Geruch (süß-sauer mit Knoblauchnote), ein Strukturmerkmal (aus dem Nachbarort). Je mehr sich unser Gehirn mit einer Information beschäftigt, bevor es sie speichert, desto höher ist die »Verarbeitungstiefe« (das ist ja eine tolle Eigenschaft von Tiefen, dass sie eben auch mal hoch sein können). Und desto besser merken wir uns diese Information.

Besonders hilft es, wenn wir die neue Information mit etwas in Verbindung bringen, das bereits in unserem Gedächtnis ist, zum Beispiel: »Rote Haare wie Tante Irmenfrieda nach ihrem Friseur-Unfall damals.«

Und am besten wiederum funktioniert das alles, wenn wir die neue Information mit uns selbst verknüpfen. Wenn wir uns zu der neuen Bekanntschaft also beispielsweise merken: »Beobachtet auch gern ihre Nachbarn mit dem Fernglas, so wie ich fast jeden Abend.« Denn für uns selbst, für unser »Selbstwissen«, haben wir offenbar ein ganz eigenes Gedächtnis. Gelingt es einer Information, an dieses Selbstwissen anzudocken, hat sie sich einen Premiumplatz in unserem Langzeitgedächtnis gesichert.

Damit liegt auf der Hand, wie Sie sich die Effekte aus diesem Buch am besten merken können: Nach jedem Kapitel werden wir Sie bitten, sich eine Situation aus Ihrem eigenen Leben zu überlegen, in der Ihnen der beschriebene Effekt schon einmal begegnet ist. Fällt Ihnen dazu nichts ein, können Sie sich auch überlegen, wo Sie den Effekt gern mal in Ihrem eigenen Leben einsetzen *würden*.

Damit schlagen Sie zwei Fliegen mit einer Klappe: Sie generieren eine eigene Information – die auch noch mit Ihnen selbst zu tun hat. Sie tun sich einen großen Gefallen, wenn Sie die kleine Übung nach jedem Kapitel wirklich machen – bevor Sie wieder ＿＿＿＿＿＿ .

(Verb)

Wo zeigen sich der Generierungs-Effekt und der Selbstreferenz-Effekt in meinem Leben konkret?

De Winstanley, P. A., Bjork, E. L. (2004): *Processing Strategies and the Generation Effect: Implications for Making a Better Reader*. Memory & Cognition, 32, 945–955.

Lutz, J., Briggs, A., Cain, K. (2003): *An Examination of the Value of the Generation Effect for Learning New Material*. The Journal of General Psychology, 130, 171–188.

Rogers, T. B., Kuiper, N. A., Kirker, W. S. (1977): *Self-Reference and the Encoding of Personal Information*. Journal of Personality and Social Psychology, 35, 677–678.

Kesebir S., Oishi S. (2010): *A Spontaneous Self-Reference Effect in Memory: Why Some Birthdays are Harder to Remember Than Others*. Psychological Science, 21, 1525–1531.

SCHAUEN SIE AUF IHR KLINGELSCHILD, UND SIE WISSEN, WAS SIE GLÜCKLICH MACHT

Der »Name-Letter-Effekt« bestimmt
Ihr Leben – und hilft Ihnen, andere
raffiniert zu beeinflussen

Nehmen wir an, Sie sollen beurteilen, welche Vorlieben
vier verschiedene Personen haben, die Sie nicht näher
kennen. Diese Personen heißen Sina, Tobias, Michael
und Hannah.
– Wer von ihnen wohnt in Hamburg?
– Wer isst gern Spinat?
– Wer arbeitet als Journalist?
– Wer ist verliebt in Charlotte?

Sie haben keine Ahnung? Vielleicht mehr, als Sie denken. Kennen Sie nur den Namen von jemandem, dann können Sie bereits eine ganze Menge über diese Person sagen – und dieser Person eine ganze Menge verkaufen.

Jedenfalls, wenn Sie den »Name-Letter-Effekt« kennen: Wir haben eine scheinbar magische Vorliebe für Buchstaben, die in unserem eigenen Namen vorkommen!

Im klassischen Experiment dazu legt man Probanden verschiedene Buchstabenserien vor, zum Beispiel A, G, K, I, H, T. Sie ergeben für sich keinen Sinn. Hinterher sollen die Probanden daraus ihre sechs »Lieblingsbuchstaben« wählen. Zielsicher greifen sie dabei zu den Buchstaben, die in ihrem eigenen Namen vorkommen. Der Effekt zeigt sich durch die Bank: für Anfangsbuchstaben ebenso wie für den Rest des Namens, für Vornamen ebenso wie für Nachnamen. Und in zwölf verschiedenen Sprachen, in denen man das Experiment inzwischen durchgeführt hat.

Weitere Experimente belegen: Auch Ziffern mögen wir lieber, wenn sie in unserem Geburtsdatum vorkommen.

Für diesen Effekt gibt es unterschiedliche Erklärungen: Die meisten Forscher sehen hier den sogenannten »Egotismus« am Werk. Das hat nichts mit dem »Egoismus« zu tun, der Menschen nur nach ihrem eigenen Nutzen streben lässt. »Egotismus« bedeutet, dass jeder gern im Mittelpunkt steht. So sehr lieben wir uns selbst, dass uns sogar die bloßen Buchstaben unseres Namens in Verzückung bringen.

Außerdem sehen und hören wir unseren eigenen Namen so oft, dass wir uns an seine Buchstaben gewöhnt haben. Und da unser Gehirn faul ist, mag es automatisch alles, was es kennt – das steigert die sogenannte »Verarbeitungsflüssigkeit«. Dass wir Dinge (und auch Menschen) automatisch lieber mögen, je öfter wir sie sehen, kennen wir als den »Effekt der bloßen Darstellung«.

Andere Forscher meinen, hier wirke der »Besitztumseffekt«: Wir finden Dinge einfach deswegen wertvoll, weil wir sie besitzen. Und irgendwie »besitzen« wir ja auch die Buchstaben in unserem Namen.

Nun ist der Name-Letter-Effekt nicht nur eine Spielerei mit wirren Buchstabenreihen. Manche Studien weisen ihn bei grundlegenden Lebensentscheidungen nach:

- Liebespaare haben oft überraschend viele gemeinsame Buchstaben in ihren Namen.
- Einwohnerverzeichnisse aus den USA zeigen: In Milwaukee wohnen wirklich überdurchschnittlich viele Mildreds, in Philadelphia überdurchschnittlich viele Philips.
- Sogar einen Zusammenhang zwischen Namen und Beruf hat man festgestellt: Rechtsanwälte (»Lawyers«) heißen eher »Larry« oder »Laurie«, Zahnärzte (»Dentists«) eher »Denise« oder »Denny«. Wer ein Eisenwarengeschäft (»Hardware Store«) betreibt, dessen Name fängt zu 80 Prozent wahrscheinlicher mit »H« an als mit »R«. Bei den Dachdeckern (»Roofing Companies«) ist es genau umgekehrt – viel häufiger fangen deren Namen mit »R« an als mit »H«.

Verrückt? Mag sein. Diese Studien sind oft kritisiert worden nach dem Motto: Man kann in jeder Statistik die Flöhe husten hören, wenn man nur genau hinhört. Andererseits sind die Effekte statistisch signifikant, das heißt: so auffällig, dass man einen bloßen Zufall ausschließt. *Dass* es den Name-Letter-Effekt gibt, ist anerkannt – man streitet sich nur darüber, wie weit er wirkt.

Probieren Sie es doch einfach mal aus! Bittet Sie Ihr Chef zum Beispiel, fünf Vorschläge für ein Projekt auszuarbeiten, können Sie ihm diese Vorschläge so präsentieren, dass er Ihren eigenen Favoriten auch am liebsten mögen wird: Vielleicht kommen in seinem Namen die Buchstaben A, B, C, D oder E vor oder der Name fängt sogar mit einem dieser Buchstaben an. Dann schlagen Sie die Alternativen A – E vor und setzen *Ihren* Lieblings*vorschlag* an *seinen* Lieblings*buchstaben*. Enthält der Name eher hintere Buchstaben des Alphabets, können Sie auf das Geburtsdatum schauen. Ist der Geburtstag Ihrer Chefin am 2.12., dann nummerieren Sie Ihre Vorschläge von 1 bis 5 und setzen Ihren Favoriten an die Nr. 2. Oder Sie erfinden einen Fantasienamen oder eine Abkürzung für ein Projekt, das Sie gern durchboxen würden – und darin sind ganz zufällig viele Buchstaben aus dem Namen Ihrer Zielperson.

Möchten Sie, dass Ihr neugeborener Sohn mal Journalist wird, starten Sie ein eigenes Experiment und nennen ihn Tobias. Soll Ihre kleine Tochter später Spinat mögen, dann probieren Sie aus, wie der Name Sina wirkt.

Nachdem wir dieses Kapitel geschrieben haben, hat Volker Kitz übrigens gleich eine Reise in seine Lieblingsstadt gebucht: nach New York.

Wo zeigt sich der Name-Letter-Effekt in meinem Leben konkret?

Nuttin, J. M. (1985): *Narcissism Beyond Gestalt and Awareness: The Name Letter Effect*. European Journal of Social Psychology, 15, 353–361.

Nuttin, J. M. (1987): *Affective Consequences of Mere Ownership: The Name Letter Effect in Twelve European Languages*. European Journal of Social Psychology, 17, 381–402.

Pelham, B. W., Mirenberg, M. C., Jones, J. T. (2002): *Why Susie Sells Seashells by the Seashore: Implicit Egotism and Ma-*

jor Life Decisions. Journal of Personality and Social Psychology, 82, 469–487.

Simonsohn, U. (2011): *Spurious? Name Similarity Effects (Implicit Egotism) in Marriage, Job, and Moving Decisions*. Journal of Personality and Social Psychology, 101, 1–24.

SO FINDEN SIE HERAUS, OB ES WIRKLICH LIEBE IST (ODER NUR EINE SPINNE)

Die »Zwei-Faktoren-Theorie der Emotion« bewahrt Sie vor falschen Gefühlen

Sie sitzen mit einer hochattraktiven Person des Geschlechts Ihrer Vorliebe beim Dinner in einem stimmungsvollen Restaurant. Sie unterhalten sich angeregt, werfen sich tiefe Blicke zu. Plötzlich bemerken Sie, dass aus dem Essen das behaarte Bein einer Spinne ragt. Ihr Puls rast, Ihre Hände sind schweißnass. Sie haben Gänsehaut.

Was denken Sie?

☐ Ich bin verliebt!

☐ Behaarte Beine sind echt eklig.

☐ Ich hätte eigentlich wissen sollen, was »leicht scharf« auf der Speisekarte beim Thailänder bedeutet ...

Tja, diesmal können wir Ihnen auch nicht sagen, welche Antwort richtig ist. Unser Körper ist, neutral ausgedrückt, ein sogenanntes »erregbares System« – das haben Sie sicher schon bemerkt. Und in der beschriebenen Situation erleben Sie ganz offensichtlich einen Zustand körperlicher Erregung. So viel steht fest.

Aber als Ursache für diese Erregung kommen grundsätzlich alle drei Möglichkeiten infrage: Verliebtheit, Ekel – oder eine Reaktion auf zu viel Chili.

Normalerweise denken wir in einer solchen Situation nicht systematisch über die genaue Ursache nach. Wir schnappen uns einfach eine nahe liegende Erklärung: »Das ist wegen der ekligen Spinne auf dem Teller vor mir.« Oder eben: »Das ist wegen der heißen Schnitte auf dem Stuhl gegenüber.«

Das Gefährliche bei diesem Prozess: Ekel und Verliebtheit machen sich rein körperlich auf die völlig gleiche Weise bemerkbar – und viele andere Gefühle auch! Was wir am Ende als Gefühl wahrnehmen, also als »Verliebtheit«, »Ekel«, »Freude« oder »Ärger«, das kommt erst dadurch zustande, dass wir unsere körperliche Erregung interpretieren. Und dabei können wir unsere Gefühle sehr leicht miteinander verwechseln.

Das ist natürlich tragisch: Es kann sehr gut sein, dass tatsächlich die Spinne Ihre körperliche Erregung auslöst – Sie aber denken, es wäre die Person gegenüber. Und beim nächsten Date, ohne Spinne, finden Sie diese Person zum Gähnen. Oder, noch schlimmer, umgekehrt: Sie sind wegen Ihres Dinnerdates aufgeregt, denken aber, es wäre der Ekel vor der Spinne. Dann gehen Sie nach Hause und sagen sich: »Was für eine langweilige Person« – dabei wäre es vielleicht die Liebe Ihres Lebens gewesen, ohne Spinne.

Was unglaublich klingt, ist in der Wissenschaft bekannt als die »Zwei-Faktoren-Theorie der Emotion«. In einem Experiment dazu gibt man Probanden ein »Vitaminpräparat«, um zu testen, wie es sich auf die Sehfähigkeit auswirkt – so sagt man ihnen zumindest. In Wirklichkeit spritzt man ihnen Adrenalin, das Mittel, das unser »erregungsfähiges System« Körper mal richtig in Gang bringt. Die Probanden erleben also einen körperlichen Erregungszustand, während sie auf den vermeintlichen Sehtest warten. Dabei sollen sie einen Fragebogen ausfüllen, der – sagen wir: ungewohnte – Fragen enthält. Zum Beispiel:

»Mit wie vielen Männern (außer Ihrem Vater) hatte Ihre Mutter außereheliche Beziehungen?

4 und weniger _____

5–9 _____

10 und mehr _____«

»Wie oft pro Woche haben Sie selbst Geschlechtsverkehr?

0–1 _____

2–3 _____

4–6 _____

7 und mehr _____«

»Auf welches Mitglied Ihrer unmittelbaren Familie treffen folgende Aussagen zu (bitte jeweils mindestens eine Person nennen):
Badet oder wäscht sich nicht regelmäßig:

_____

Scheint psychiatrische Behandlung zu benötigen:

_____«

Gegenüber im Wartezimmer sitzt jeweils ein Lockvogel und spielt den Wütenden. Er streicht zum Beispiel Fragen durch und schreit: »Das ist eine Beleidigung« oder »Zur Hölle damit – das geht die doch gar nichts an!« Schließlich zerreißt der Wut-Lockvogel den Fragebogen und rennt schnaubend aus dem Raum.

Einer Vergleichsgruppe gibt man den Fragebogen nicht, und der Lockvogel spielt nicht den Wütenden, sondern den Euphorischen: Er bastelt Papierflugzeuge, hüpft freudig im Raum herum oder spielt mit Papierkugeln Ball.

Der Versuchsleiter beobachtet jeweils, wie sich der Proband verhält; zusätzlich fragt man jede Testperson am Ende selbst, wie sie sich fühlt: In der ersten Gruppe verhalten sich die Testpersonen tatsächlich sehr verärgert und geben auch an, es zu sein. In der Vergleichsgruppe verspüren sie hingegen pure Freude.

Dabei ist der Grund für die körperliche Erregung in beiden Fällen der gleiche: das Adrenalin! Die Probanden deuten also einen identischen körperlichen Zustand einmal als Ärger und einmal als Freude, je nachdem, welche Erklärung ihnen nach den äußeren Umständen gerade sinnvoll erscheint.

Schließlich gibt es bei dem Versuch noch eine dritte Gruppe: Diesen Teilnehmern sagt man wahrheitsgemäß, das gespritzte Präparat könne körperliche Erregungszustände wie Herzrasen und Hitzewallungen hervorrufen. Man bietet ihnen also eine körperliche Erklärung für ihren Zustand an, und sie müssen nicht nach der Ursache für ein »Gefühl« suchen. Die Probanden in dieser Gruppe verspüren tatsächlich weder Ärger noch Freude, obwohl der Lockvogel sich jeweils genauso verhält wie bei den anderen Probanden.

Das Experiment zeigt: Wir können Gefühle manchmal geradezu beliebig austauschen – es liegt an uns selbst, ob wir uns ärgern oder freuen. Und wir können andere Menschen (und uns selbst) davon abhalten, sich in ein Gefühl hineinzusteigern, indem wir alternative Erklärungen für die körperliche Erregung suchen.

Das funktioniert auch ganz ohne Adrenalinspritze: In einem weiteren Experiment spricht eine attraktive Frau in einem Park Männer für eine Umfrage an. Am Ende steckt sie den Probanden vielsagend ihre Telefonnummer zu und sagt, sie könnten sie jederzeit anrufen, wenn sie Rückfragen hätten. Einen Teil der Männer leitet man vorher über eine schmale und gefährlich schwankende Hängebrücke. Diese Männer rufen die Dame wesentlich häufiger an als diejenigen, die nicht über die Hängebrücke gekommen sind. Denn der Gang über die Hängebrücke hat ihren Puls beschleunigt –

das Herzrasen schreiben sie der Begegnung mit der Interviewerin zu.

Wenn es also mit Ihrer Wunschpartnerin nicht so ganz klappen will, dann können Sie nachhelfen: Gehen Sie zusammen joggen, fahren Sie Achterbahn oder schauen Sie sich einen Horrorfilm an – und treiben Sie so den Puls in die Höhe! Die Chancen stehen nicht schlecht, dass die Person sich plötzlich doch in Sie »verliebt«.

Oder umgekehrt: Wenn Sie ein Verehrer belästigt, gehen Sie zusammen joggen, fahren Sie Achterbahn oder schauen Sie sich einen Horrorfilm an – und bieten Sie ihm dann für sein »Verliebtheitsgefühl« eine natürliche körperliche Erklärung: »Dein Herzrasen kommt vom Joggen!« So können Sie anderen ganz beliebig ein- oder ausreden, dass sie in Sie verliebt sind.

Die Technik funktioniert auch, wenn Sie etwas verkaufen wollen. So kaufen Menschen zum Beispiel mehr, wenn man sie in einem Kaufhaus durch Musik in eine angenehme Stimmung versetzt. Sie glauben, die Waren machten ihnen die gute Laune – und wollen sie daher gern mit nach Hause nehmen.

Umgekehrt sollten Sie aufpassen, dass Sie nicht selbst in die Gefühls-Wirrwarr-Falle tappen. Wenn Sie abends nach Hause kommen und Ihr Partner mal wieder »nervt« – dann kann es gut sein, dass Ihre körperliche Erregung eigentlich ganz andere Ursachen hat: Vielleicht ist Ihnen der Bus vor der Nase weggefahren. Oder eine Kundin hat Sie bei der Arbeit blöd angemacht.

Oder aber: Sie sind in Wahrheit gar nicht genervt. Sondern verliebt.

Wo zeigt sich die Zwei-Faktoren-Theorie der Emotion in meinem Leben konkret?

Schachter, S., Singer, J. E. (1962): *Cognitive, Social, and Physiological Determinants of Emotional States*. Psychology Review, 69, 379–399.

Dutton, D. G., Aron, A. P. (1974): *Some Evidence for Heightened Sexual Attraction Under Conditions of High Anxiety*. Journal of Personality and Social Psychology, 30, 510–517.

Meston, C. M., Frohlich, P. F. (2003): *Love at First Fright: Partner Salience Moderates Roller-Coaster-Induced Excitation Transfer*. Archives of Sexual Behavior, 32, 537–544.

North, A. C., Tarrant, M., Hargreaves, J. (2004): *The Effects of Music on Helping Behavior*. Environment and Behavior, 36, 266–275.

Sinclair, R. C., Hoffman, C., Mark, M. M., Martin, L. L., Pickering, T. L. (1994): *Construct Accessibility and the Misattribution of Arousal: Schachter and Singer Revisited*. Psychological Science, 5, 15–19.

FOLGEN SIE DEM KLANG DES HERZENS – ABER DEM RICHTIGEN

Mit dem »Valins-Effekt« schaffen Sie
Stimmung, wo gar keine ist

Samstagnacht in einem angesagten Club: Sie haben
jemanden kennengelernt, mit dem Sie sich weitere
Treffen vorstellen können.

Was tun Sie, damit sich diese Person auf der Stelle in
Sie verliebt?

☐ Ich weiß natürlich, dass alle einen humorvollen Partner wollen. Deshalb schütte ich meiner Zielperson
mein Getränk übers Hemd und sage: »Jetzt aber
raus aus den nassen Klamotten!«

☐ Ich gebe ihr ein Getränk aus.

☐ Ich gebe ihr ein stark alkoholhaltiges Getränk aus.

☐ Ich zeige auf die wummernden Lautsprecher und
sage mit wissendem Blick: »Hörst du das? Das ist
dein Herzschlag. Den messen die hier per Infrarot
und übertragen ihn auf die Lautsprecher. Voll cool,
oder?«

Natürlich können Sie mit jeder der vier Herangehensweisen erfolgreich sein – mehr oder weniger … Wir wenden uns hier der letzten zu, denn die erscheint Ihnen sicher am abwegigsten. Aber sie ähnelt einem interessanten Versuchsaufbau mit noch interessanteren Ergebnissen:

Man zeigt Probanden jeweils zehn Fotos attraktiver Models, die – in der Fachsprache – »semi-nackt« sind, sich für den Fototermin also nur das Nötigste übergeworfen haben. Alle Probanden hören dabei ein rhythmisches Klopfgeräusch über einen Kopfhörer. Bei jeweils fünf Bildern wird dieses Klopfen etwas schneller, bei den anderen fünf Bildern bleibt es gleich.

Einer Gruppe sagt man vorher, das sei ein Störgeräusch, das sie nicht weiter beachten sollten.

In einer anderen Gruppe hingegen schließt man die Probanden an eine Pulsmessgerät-Attrappe an und sagt ihnen, über die Kopfhörer würden sie ihren eigenen Herzschlag hören. Was aber gar nicht stimmt.

Hinterher fragt man alle Probanden: Welches Model war am attraktivsten? Wer glaubte, seinen eigenen Herzschlag zu hören, der bewertet die fünf Models als wesentlich attraktiver, bei denen sein Herzschlag vermeintlich anzog. Und genau diese Bilder wählen die Probanden auch aus, wenn man ihnen sagt, sie dürften einige Fotos mit nach Hause nehmen – als Belohnung für ihre Teilnahme am Experiment.

Dieser Effekt hält sogar lange an: Gut vier Wochen nach dem Experiment interviewt man die Probanden noch einmal unter einem Vorwand. Auch da erinnern sie sich noch gut an die fünf Frauen, die sie damals besonders attraktiv fanden.

Diejenigen hingegen, denen man nichts von ihrem Herzschlag erzählte, zeigen keine Vorliebe für die fünf Bilder, bei denen das Klopfgeräusch schneller wurde.

Was passiert hier?

Die Zwei-Faktoren-Theorie der Emotion aus dem letzten Kapitel sagt uns ja schon: Eine Emotion besteht aus körperlicher Erregung *und* der Interpretation dieser Erregung. Wir können uns bei dem Grund für unsere körperliche Erregung also ganz schön irren. Der Pseudo-Herzschlag-Versuch geht nun noch einen Schritt weiter und zeigt: Wir können offensichtlich nicht einmal zuverlässig feststellen, *dass* wir überhaupt körperlich erregt *sind* – und uns daher schon die körperliche Erregung leicht einreden (lassen). Die Probanden denken tatsächlich: »Bei dem Foto raste mein Herz, also fand ich das Model besonders attraktiv.«

Erstmals hat dieses Experiment der Psychologe Stuart Valins durchgeführt; deshalb durfte er auch den Namen für den Effekt abgreifen: Er heißt seitdem »Valins-Effekt«. Damit ergeben sich noch weitere Möglichkeiten, anderen Menschen ein Gefühl auf- oder abzuschwatzen. Nicht immer braucht es so aufwändig zu sein wie im Valins-Experiment oder so plump wie im Anmach-Beispiel von oben. Es gibt auch unauffälligere Möglichkeiten, einer anderen Person körperliche Erregung zu attestieren, zum Beispiel mit solchen Sätzen:

»Ich fühl mal deinen Puls – Hammer, der rast ja!«
»Du hast ja ganz rote Backen!«
»Du wirkst total aufgedreht. Was ist los?«

Solche Techniken nutzen nicht nur die Charmeure der Nacht – sondern auch manche cleveren Verkäuferinnen. Wenn Sie also beim nächsten Mal ein schönes Paar Schuhe anprobieren oder ein neues Auto probefahren und einen Satz hören wie »Sie wirken ganz außer Atem«: Dann passen Sie auf, dass Sie nicht einem fremden Herzen folgen, von dem Sie glauben, es wäre Ihr eigenes.

Wo zeigt sich der Valins-Effekt in meinem Leben konkret?

Valins, S. (1966): *Cognitive Effects of False Heart Rate Feedback.* Journal of Personality and Social Psychology, 4, 400–408.

Stern, R. M., Botto, R. W., Herrick, C. D. (1972): *Behavioral and Physiological Effects of False Heart Rate Feedback: A Replication and Extension.* Psychophysiology, 9, 21–29.

NE GUTE MASCHE:
EIN REIM IN DER TASCHE

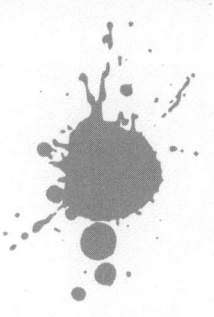

Mit dem »Rhyme-as-Reason«-Effekt wickeln
Sie andere um den Finger

Wie wahr finden Sie folgende Aussagen?

1. »Wer von einem Dieb eine gestohlene Sache kauft,
erhält den rechtswidrigen Vermögenszustand aufrecht,
den der Dieb geschaffen hat. Hehlerei ist noch schlimmer als Diebstahl.«

1 – 2 – 3 – 4 – 5 – 6 – 7 – 8 – 9
unwahr   wahr

2. »Der Hehler ist schlimmer als der Stehler.«

1 – 2 – 3 – 4 – 5 – 6 – 7 – 8 – 9
unwahr   wahr

Inhaltlich sind beide Aussagen gleich. Nr. 1 enthält sogar noch eine Begründung; Nr. 2 ist eine bloße Behauptung. Und doch legen Forschungsergebnisse nahe: Wir halten die zweite Version eher für wahr als die erste. »Was sich reimt, ist gut« – diese Weisheit lehrte schon der kleine Kobold Pumuckl seinen Meister Eder, und offenbar finden wir das tatsächlich.

Folgendes Experiment weist es nach: Man legt Probanden einige Redensarten vor, jeweils im Original und in einer abgewandelten Form. Im Original reimen sich die Sätze; die abgewandelte Form sagt genau das Gleiche aus, nur ohne Reim. Die Probanden sollen dann auf einer Skala von 1 bis 9 bewerten, wie zutreffend sie die Aussage finden.

Ein Beispiel aus dem (englischsprachigen) Originalexperiment:

»Life is mostly strife.« (Original)
»Life is mostly struggle.« (Abwandlung)

Beide Versionen haben die gleiche Aussage: »Das Leben ist meist ein Kampf.« Und doch halten viele Probanden den zweiten Satz für weniger wahr als den ersten.

Nun könnte man denken: Klar, die Originalversion haben die Probanden einfach schon öfter gehört. Sie ist dem Gehirn deshalb geläufiger, wird leichter verarbeitet und nicht mehr hinterfragt.

Das stimmt. Deshalb testet man auch Aussagen, die sich im Original nicht reimen, zum Beispiel:

»Good intentions excuse ill deeds.« (Original)
»Good intentions excuse ill acts.« (Abwandlung)

Auch hier wieder zweimal die gleiche Aussage: «Gute Absichten entschuldigen böse Taten.« Und wenn die Probanden das Original nur deshalb wahrer finden, weil es ihnen geläufiger ist, dann müsste hier der gleiche Unterschied auftreten wie bei den gereimten Originalen. Das ist aber nicht so: Zwar finden ein paar Probanden auch hier die bekannte Version »wahrer«, aber der Unterschied ist lange nicht so groß wie zwischen gereimt und nicht gereimt. Und sagt man den Probanden in der ersten Version vorher ausdrücklich, sie sollen sich nicht davon irreführen lassen, ob sich die Aussage reimt oder nicht, dann tritt der Effekt kaum noch auf.

Der Reim hat also tatsächlich eine eigene Funktion. Er scheint wie eine gute Begründung zu wirken. Deshalb ist dieser Effekt als »Rhyme-as-Reason«-Effekt bekannt geworden.

Gereimte Aussagen kann unser Gehirn nämlich generell leichter verarbeiten als nicht gereimte, ganz unabhängig davon, ob wir sie zum ersten Mal hören oder schon von Kindesbeinen an »gelernt« haben. Wir können gereimte Aussagen leichter verstehen und uns leichter merken. Nicht nur die Wiederholung steigert also die sogenannte »Verarbeitungsflüssigkeit« im Gehirn, sondern auch ein Reim.

Außerdem halten wir Aussagen tatsächlich für wahrer, wenn sie einfach nur »schön« klingen. Diesen Effekt nennen wir auch Dr.-Kitz-Heuristik – äh, »Keats-Heuristik«, nach dem englischen Dichter John Keats. Der schrieb in seinem Gedicht *Ode on a Grecian Urn*: »Schönheit ist Wahrheit, Wahrheit ist Schönheit.« Und diese Schönheit kann im Rhythmus, aber auch in einem Reim liegen. Fast alle Sprichwörter haben ja eins von beidem. Sie haben sich oft über viele hundert Jahre hinweg gehalten – weil sie für uns eine Wahrheit ausdrücken.

Die Macht der schönen Worte können wir auch im Alltag nutzen, um andere zu überzeugen. Ein bekanntes Beispiel finden wir im Strafprozess gegen den amerikanischen Ex-Football-Spieler O. J. Simpson. Er war angeklagt wegen Mordes an seiner Exfrau. Manche Indizien sprachen dafür, dass er schuldig war. Am Tatort hatte man aber auch einen Handschuh gefunden, der für Simpsons Hand etwas zu klein schien. Sein Verteidiger erklärte der Jury im Schlussplädoyer: »If it doesn't fit, you must acquit.« – »Wenn er nicht passt, müssen Sie freisprechen.« O. J. Simpson wurde freigesprochen.

Auch wenn Sie weder Strafverteidiger noch Angeklagte sind, können Sie öfter mal was reimen, wenn Sie zu Hause oder bei der Arbeit eine Botschaft rüberbringen wollen. Statt »Wir machen zu viele Überstunden« setzen Sie doch einfach mal auf dem Flur in Umlauf: »Wer abends ruht, ist morgens gut.« Oder statt »Ich habe es wirklich satt, dass hier überall deine Dreckwäsche in der Wohnung rumliegt« murmeln Sie zu Hause: »Schmutzige Socken können manches verbocken.«

Sie müssen keine Wilhelmine Busch sein, um solche Sätze zu erfinden: Ein Reimlexikon liefert Ihnen zu jedem Wort den passenden Reim. Das können Sie als Buch kaufen oder online nutzen, zum Beispiel unter www.reimlexikon.net. Probieren Sie es mal aus – es hilft nicht nur, sondern macht auch großen Spaß.

Doppelten Spaß macht es, sich *sinnlose* Sprichwörter auszudenken, zum Beispiel: »Mit Sonne im Rücken ist gut Kirschen pflücken.« Mit solchen Sprüchen können Sie herrlich kontern und Dampfplauderer und Lästerer ganz schnell sprachlos machen. Wenn ein Reim im Satz ist, werden die Leute nämlich automatisch nach Wahrheit und tieferem Sinn in dem suchen, was Sie lässig vor sich hin murmeln. Kommt Ihnen ein Kollege zum Beispiel ständig blöd, dann antworten Sie doch einfach mal so was wie: »Tja, besser ein Hund an der Leine als ein Stall ohne Schweine.«

Darüber wird er erst mal eine Weile nachgrübeln.

Wo zeigt sich der Rhyme-as-Reason-Effekt in meinem Leben konkret?

McGlone, M. S., Tofighbakhsh, J. (2000): *Birds of a Feather Flock Conjointly (?): Rhyme as Reason in Aphorisms.* Psychological Science, 11, 424–428.

McGlone, M. S., Tofighbakhsh, J. (1999): *The Keats Heuristic: Rhyme as Reason in Aphorism Interpretation.* Poetics, 26, 235–244.

Steputat, W. (2009): *Reimlexikon.* Stuttgart: Reclam.

WIRD DENKEN ZUM HANDELN
ODER HANDELN ZUM DENKEN?

Mit der »Selbstwahrnehmungstheorie«
entdecken Sie ganz neue Eigenschaften
an sich – und können anderen ganz neue
Eigenschaften andichten

> Mögen Sie Pferdefleisch?

Vielleicht haben Sie jetzt herzhaft »ja« geantwortet,
wenn Sie
- wöchentlich beim Pferdemetzger einkaufen oder
- selbst Pferdemetzger *sind*.

Vielleicht haben Sie entschieden »nein« gerufen, wenn
Sie
- Pferde mögen und die Ihnen niemals auf den Tisch
  kämen oder
- selbst ein Pferd *sind*.

Vielleicht aber mussten Sie erst einmal kurz nachdenken, weil Sie sich über diese Frage noch nie Gedanken

gemacht haben. Vielleicht ist Ihnen dann zum ersten Mal so richtig bewusst geworden, dass Sie noch nie Pferdefleisch gegessen haben. Oder Ihnen fällt ein, dass Sie es vor Jahren einmal probiert haben und das aber ein Einzelfall geblieben ist. In beiden Fällen werden Sie dann wahrscheinlich geantwortet haben: »Nein, Pferdefleisch mag ich nicht besonders.«

Wenn das so war, sind Sie gerade Zeuge eines interessanten Prozesses im eigenen Kopf geworden. Sie haben aus Ihrem Handeln eine innere Einstellung abgeleitet: Sie schließen aus der Häufigkeit Ihres Pferdefleischkonsums darauf, wie sehr Sie Pferdefleisch mögen.

Das klingt einleuchtend, wenn Sie es hier so lesen – aber normalerweise gehen wir davon aus, dass es umgekehrt ist: dass unser Verhalten sich nach unserer inneren Einstellung richtet. Eine bekannte Weisheit aus dem Talmud sagt ja: »Achte auf deine Gedanken, denn sie werden deine Worte; achte auf deine Worte, denn sie werden deine Taten.«

Das ist durchaus richtig, aber es ist keine Einbahnstraße. Das Beispiel zeigt: Es geht auch umgekehrt. Die Gedanken können sich auch den Taten anpassen. Ergänzend müsste man wohl sagen: Achte genauso auf deine Taten, denn sie können deine Gedanken werden.

Sie haben sich bei dem Vorgang blitzschnell selber analysiert, und zwar genau so, wie Sie eine andere Person auch analysieren würden, in deren »Kopf Sie nicht hineinschauen können« – von der Sie also nicht wissen, ob sie Pferdefleisch mag. Würden wir Sie zum Beispiel fragen, ob Ihre beste Freundin gern Pferdefleisch isst, würden Sie wahrscheinlich genauso überlegen und dann sagen: »Ich habe noch nie mitbekommen, dass sie das gegessen hat. Also mag sie es wohl nicht besonders.«

Die sogenannte »Selbstwahrnehmungstheorie« geht deshalb von Folgendem aus: Wir können uns selbst ganz nüchtern »von außen« betrachten, wie wir die Menschen um uns herum auch betrachten. Das ist deshalb bemerkenswert, weil wir zu unserem eigenen Innenleben ja durchaus einen Zugang haben: In unseren eigenen Kopf *können* wir »hineinschauen«. Trotzdem analysieren wir uns in manchen Fällen ganz rational von außen.

Diese Methode wenden wir aber nur unter zwei Voraussetzungen an. Erstens: Wir kennen unsere eigene Einstellung nicht genau. Wenn Sie schon in der Grundschule in die Freundschaftsbücher Ihrer Mitschüler »Mein Lieblingsessen: Pferdelasagne« geschrieben haben, dann brauchen Sie sich natürlich nicht erst umständlich selbst zu analysieren.

Zweitens: Wir schließen nur aus freiwilligen Handlungen auf unsere Einstellungen. Wenn Sie also bloß einmal ein Pferd gegessen haben, weil Sie versehentlich ein halbes Jahr lang in einem Pferdestall eingesperrt waren, wird Ihr Gehirn daraus nicht unbedingt folgern, dass Sie Pferdefleisch besonders gern mögen.

Ob uns die Methode der Selbstwahrnehmung zu unseren wirklichen Einstellungen führt, hängt also davon ab, wie zutreffend wir überhaupt unser Handeln wahrnehmen. Nicht immer ist das so klar wie beim Pferdefleisch. Hätten wir Sie zum Beispiel gefragt »Wie stehen Sie zum Umweltschutz?«, dann wäre Ihre Analyse wohl etwas komplexer gewesen: Was kaufe ich ein? Wie werfe ich weg? Fliege ich oft, fahre ich Auto oder Fahrrad? Wie steht es mit meinem Energieverbrauch?

Und je genauer man fragt, desto eher lässt sich beeinflussen, welches Verhalten der andere gerade von sich vor Augen hat. Fragen wir Sie zum Beispiel »Wie oft nutzen Sie das Energiesparprogramm Ihrer Waschmaschine?«, dann erinnern Sie sich in erster Linie an die Male, bei denen Sie es benutzt haben. Fragen wir hingegen »Benutzen Sie das Energiesparprogramm Ihrer Waschmaschine auch mal nicht?«, dann werden Sie eher nach Fällen suchen, in denen Sie es *nicht* benutzt haben. Je nachdem würden Sie dann daraus schließen, dass Sie Umweltschutz wichtig finden – oder eben nicht.

Sogar das Glücksgefühl der Menschen hängt von sprachlichen Feinheiten ab: So fühlen sich in einem Experiment die Menschen glücklicher, wenn man sie fragt »Sind Sie glücklich mit Ihrem Sozialleben?« – als wenn man sie fragt: »Sind Sie *un*glücklich mit Ihrem Sozialleben?« Das liegt daran, dass wir für die Antwort eine »positive Teststrategie« nutzen: Wir suchen nach Beispielen, welche die Frage in der jeweiligen Formulierung bestätigen.

Für unseren Alltag können wir aus diesen Erkenntnissen Folgendes mitnehmen: Nur ein Bruchteil unserer Einstellungen und Gefühle ist uns bewusst. Jeder kann bei sich selbst noch viel entdecken, wenn wir uns einfach genauso analysieren, wie wir andere analysieren. Viele haben großen Spaß daran, befreundete Pärchen oder die Kolleginnen im Büro genauestens zu durchleuchten, dabei kann es viel wertvoller sein, wenn wir einmal unser eigenes Selbst unter die Lupe nehmen. Damit verbringen wir laut Studien nämlich erstaunlich wenig Zeit: Wir denken wesentlich mehr an die Arbeit oder Hausarbeit als an uns selbst. Sogar der Anteil der Zeit, in der wir »an gar nichts« denken, ist höher.

Wollen Sie andere beeinflussen, haben Sie zwei Möglichkeiten: Sie können einerseits eine Person erst zu einem Verhalten bewegen, aus dem sie dann auf eine Einstellung schließt. Möchten Sie sich zum Beispiel Katzen zulegen, sind sich aber nicht sicher, wie Ihr Partner das fände, dann können Sie so vorgehen: Schaffen Sie Gelegenheiten, bei denen Ihr Partner Katzen begegnet, zum Beispiel bei Freunden – und sie streichelt. Fragen Sie ihn dann, ob er Katzen eigentlich mag, wird er das eher mit »ja« beantworten.

Andererseits können Sie eine bestimmte Einstellung allein durch die Formulierung einer Frage »erzeugen«. Fragen Sie sich am Abend beispielsweise nicht »Wie war mein Tag?«, sondern »War mein Tag gut?«. Dann werden Sie auch eher nach guten Ereignissen suchen und statt den Ärger die Freude mit in den Schlaf nehmen.

Und wollen Sie zum Beispiel eine neue Wohnung für sich und Ihre Katze finden, stellen Sie Ihrem potenziellen Vermieter nicht die geläufige Frage: »Haben Sie etwas *gegen* Katzen?«, sondern fragen Sie: »*Mögen* Sie Katzen?«. Das löst in seinem Kopf einen völlig anderen Prozess aus – es sei denn, er hat schon in der Grundschule in den Freundschaftsbücher seiner Mitschüler als sein Lieblingsessen »Katzen« angeben.

Wo zeigt sich die Selbstwahrnehmungstheorie in meinem Leben konkret?

Bem, D. J. (1972): *Self-Perception Theory*. In L. Berkowitz (Hrsg.), *Advances in Experimental Social Psychology*, Band 6, 1-62, New York: Academic Press.

Chaiken, S., Baldwin, M. W. (1981): *Affective-CognitiveConsistency and the Effect of Salient Behavioral Information on the Self-Perception of Attitudes*. Journal of Personality and Social Psychology, 41, 1–12.

Kunda, Z., Fong, G. T., Sanitioso, R., Reber, E. (1993): *Directional Questions Direct Self-Conceptions*. Journal of Experimental Social Psychology, 29, 63–86.

Czikszentmihalyi, M., Figurski, T. J. (1982): *Self-Awareness and Aversive Experience in Everyday Life*. Journal of Personality, 50, 15–28.

WELCHE PFEIFE SIE RAUCHEN SOLLTEN, DAMIT ANDERE DANACH TANZEN

Mit den Erkenntnissen zur
»Einstellungsänderung« überzeugen
Sie Menschen leichter

Nehmen wir an, Sie wohnen in einer Zweier-WG. Sie
haben beschlossen, endlich gegen den Klimawandel
aktiv zu werden – und sich eine Klimaanlage zuzulegen.
Wie überzeugen Sie Ihren Mitbewohner davon?

☐ Ich präsentiere ihm möglichst viele sachliche Argu-
  mente:
  – Maximalleistung: 3.400 Watt im Kühlbetrieb
  – Energie-Effizienz: Klasse A
  – Betriebsarten: kühlen, entfeuchten, heizen
  – Schalldruckpegel: Außeneinheit 52 dB
  – Ausstattungsmerkmale: Fernbedienung,
    Timer, Betriebs- und Kontrollanzeige

☐ Ich präsentiere ihm ein Foto, auf dem eine Gruppe
  cooler Leute auf einer Klimaanlage sitzt und eine
  chillige Party feiert.

Nehmen wir nun an, Sie würden zudem gerne Ihre im WG-Kühlschrank stets bereit gehaltene Biermarke wechseln.

Wie überzeugen Sie Ihren Mitbewohner davon?

☐ Ich präsentiere ihm möglichst viele sachliche Argumente:

- Maximalleistung: 6,8 % Alkohol
- Energie-Effizienz: 100 kJ pro 100 ml
- Betriebsarten: Flasche oder vom Fass
- Schalldruckpegel: 0,5 Gramm Kohlensäuregehalt pro 100 ml
- Ausstattungsmerkmale: Kronkorken oder Zapfhahn

☐ Ich präsentiere ihm ein Foto, auf dem eine Gruppe cooler Leute mit dem Bier der neuen Marke eine chillige Party feiert.

Selbstverständlich werden Sie für die Klimaanlage eine andere Strategie wählen als für die Biermarke – oder Sie haben noch nie in einer WG gewohnt (und sollten auch nie in eine einziehen). Die Klimaanlage verkaufen Sie eher mit sachlichen Argumenten, die Biermarke eher mit – ja, womit eigentlich?

Sagen wir: mit Emotionen.

Darauf deutet bereits der Umstand hin, dass Sie sich das hippe Foto mit der Klimaanlagenparty wohl erst selbst zusammenbasteln müssen, denn ein solches Foto werden Sie nirgendwo finden. Von Bierpartyfotos ist die Welt hingegen voll.

Warum funktionieren einmal die Argumente besser und einmal die Emotionen?

Schauen wir uns dazu die hochinteressanten Forschungsergebnisse zur sogenannten »Einstellungsänderung« an: Die »Einstellung« ist ein psychologischer Fachbegriff dafür, wie wir Menschen oder Dinge bewerten – der »Fachbegriff« unterscheidet sich also nicht dramatisch von dem Alltagswort, das wir für denselben Umstand benutzen.

Von der Einstellung zu etwas oder jemandem hängt zum Beispiel ab, ob wir ein Produkt kaufen oder einer Person einen Gefallen tun. Nicht nur für die Werbung, sondern auch für unser ganz alltägliches Leben ist es daher sehr wertvoll, zu wissen, wie man die Einstellung von Menschen ändert. Machen wir uns dafür erst einmal klar, wie eine Einstellung *entsteht*. Sie kann auf vier ganz unterschiedlichen Komponenten beruhen:

Eine »genetische Komponente« halten manche Forscher für möglich. Sie haben festgestellt, dass eineiige Zwillinge ähnliche Einstellungen haben, selbst wenn sie getrennt aufgewachsen sind und sich überhaupt nicht kennen. Daraus schließen sie, dass einige Einstellungen angeboren sind. Ob das wahr ist oder nicht – eine solche genetische Komponente könnten wir mit unseren bescheidenen Alltagsmitteln ohnehin nicht beeinflussen. Wenn Ihr Mitbewohner eine Abneigung gegen Klimaanlagen im Erbgut hat, dann werden Sie ihn auch mit Energie-Effizienzklasse A+++ nicht locken können.

Die »affektive Komponente« ist die Emotion: Wir können positive oder negative Emotionen gegenüber einer bestimmten Person oder Sache haben. Wir mögen etwas oder jemanden – oder eben nicht.

Die »kognitive Komponente« betrifft die bewusste Informationsverarbeitung, ein bewusstes Denken. Wir prüfen gezielt Argumente und Informationen, wägen ab und bilden uns dann ein Urteil.

Schließlich gibt es noch eine »verhaltensbasierte Komponente«: Einstellungen sagen nicht nur voraus, wie wir uns in einer bestimmten Situation verhalten werden. Wir können auch umgekehrt aus einem Verhalten auf eine Einstellung schließen. Das haben wir bereits im vorherigen Kapitel gesehen, als es um die Frage ging: Mögen Sie Pferdefleisch?

Dabei gibt es nun zwei wichtige Erkenntnisse.

Erstens: Nicht alle Komponenten wirken bei allen Einstellungen gleich stark. Manche Einstellungen kommen eher rational zustande, über die »kognitive Komponente« – andere eher emotional, über die »affektive Komponente«.

Zweitens: Ändern können wir eine Einstellung nur über die Komponente, über die sie entstanden ist. Mit Argumenten können wir also nur Einstellungen ändern, die auch über Argumente, durch bewusstes Nachdenken und Abwägen, entstanden sind. Einstellungen, die über Emotionen entstanden sind, können wir durch Argumente nicht ändern – sondern eben nur durch Emotionen.

Die entscheidende Frage ist also: Wann kommt eine Einstellung eher durch Argumente zustande und wann eher durch Emotionen?

Das hängt im Wesentlichen von zwei Dingen ab: einerseits davon, wie nah uns eine Sache ist. Die Sachargumente wirken hauptsächlich bei Entscheidungen, von denen jemand selbst ganz unmittelbar betroffen ist. Die Entscheidung, sich eine bestimmte Klimaanlage zuzulegen, kommt also ganz anders zustande als die Entscheidung, eine bestimmte Partei zu wählen. Denn welche Partei ich wähle, wirkt sich nicht so unmittelbar auf mich persönlich aus wie der Kauf einer Klimaanlage.

Nun ist dieser Punkt sicherlich beim Bierkauf genauso erfüllt wie bei der Klimaanlage: Auch ob ich Bier im Kühlschrank habe und welches, betrifft mich ganz unmittelbar.

Hier kommt aber das zweite Kriterium ins Spiel: Manche Dinge haben für uns einen Gebrauchswert, eine Funktionalität – andere betreffen eher das, was wir »soziale Identität« und »Selbstwahrnehmung« nennen. Im ersten Fall achten wir auf Argumente, im zweiten lassen wir uns von Emotionen leiten.

»Aber Bier hat doch auch einen Gebrauchswert«, werden nun einige Hartgesottene einwerfen. Für manche schon – und wer Bier hauptsächlich wegen seines Rauscheffekts »gebraucht«, der wird in der Tat eher auf den Alkoholgehalt achten. Für die anderen ist Bier kein Gebrauchsgegenstand, sondern fällt in die zweite Kategorie: Ob ich Bier trinke und welches, hat eher etwas damit zu tun, welches Bild ich von mir selbst habe und welches Bild ich den Menschen herum von mir vermitteln möchte.

Für Klimaanlagen, Staubsauger, Rollläden, Heizungsthermostate und Herrenschuhe entscheiden wir uns also rational. Für so ziemlich alles andere – Parteien, Liebespartnerinnen, Arbeitgeber, Prosecco, Haustiere, Damenschuhe … – eher emotional.

Argumente spielen also nur ganz, ganz ausnahmsweise, bei ganz wenigen Entscheidungen eine Rolle. Die allermeisten Entscheidungen treffen wir (zumindest auch) emotional.

Wahrscheinlich ist Ihnen schon aufgefallen, dass das im krassen Gegensatz dazu steht, wie wir Tag für Tag versuchen, Menschen von etwas zu überzeugen: Wir argumentieren! Wir diskutieren!

Wenn wir ehrlich sind, kommen wir damit aber selten weiter. Manche Ehepaare streiten 50 Jahre lang über dieselbe Sache mit denselben Argumenten, ohne dass sich auch nur einer der beiden einen Millimeter von seiner Meinung wegbewegen würde. Manche Politiker hauen sich 50 Jahre lang in Debatten und Talkshows die immer gleichen Argumente um die Ohren – ohne dass auch nur einer am Ende einmal sagen würde: »Stimmt, Ihre Argumente haben mich überzeugt, ich ändere jetzt meine Meinung.« Und wir erklären unserer Chefin im Gehaltsgespräch, wie viel wir geleistet haben – dabei sahnen die Kohle nicht die Leistungsträger ab, sondern die Sympathieträger.

Versuchen wir, bei jemandem eine emotional entstandene Einstellung mit Argumenten zu beeinflussen, dann endet das meist damit, dass wir entnervt aufgeben und sagen: »Der hört einem überhaupt nicht zu« oder »Die ist völlig beratungsresistent«.

Dabei haben wir einfach nur einen falschen Weg benutzt.

Wenn wir uns öfter daran erinnern, dass es in den meisten Fällen nicht um Argumente geht, sondern um Gefühle, dann können wir viel erfolgreicher die Einstellung anderer Menschen ändern. Und wie das mit der emotionalen Komponente genau funktioniert, das schauen wir uns im nächsten Kapitel an.

Wo zeigen sich die unterschiedlichen Komponenten der Einstellung in meinem Leben konkret?

Ajzen, I. (2001): *Nature and Operation of Attitudes*. Annual Review of Psychology, 52, 27–58.

Olson, J. M., Vernon, P. A., Harris, J. A. (2001): *The Heritability of Attitudes: A Study of Twins*. Journal of Personality and Social Psychology, 80, 845–860.

Shavitt, S. (1990): *The Role of Attitude Objects in Attitude Functions*. Journal of Experimental Social Psychology, 26, 124–148.

Fabrigar, L. R., Petty, R. E. (1999): *The Role of the Affective and Cognitive Bases of Attitudes in Susceptibility to Affectively and Cognitively Based Persuasion*. Personality and Social Psychology Bulletin, 25, 363–381.

SO NUTZEN SIE DIE SCHLEIMFORSCHUNG

»Sozialtuning« macht Sie beliebt und einflussreich

Ihr Chef möchte für sich einen neuen Hubschrauberlandeplatz auf dem Firmengelände bauen lassen – mit drei Startbahnen, damit er gleichzeitig landen und abheben kann und trotzdem immer noch eine Bahn für den Notfall frei hat.

Sie finden das nicht gut, denn auf dem Gelände leben die letzten beiden Exemplare des seltenen und sehr scheuen »Zweibeinkäfers«. Sie starten daher eine Unterschriftenaktion gegen den Landeplatz.

Wie überzeugen Sie Ihren trägen Büronachbarn am ehesten davon, zu sich zu beteiligen?

☐ Ich halte ihm einen Kurzvortrag über Biodiversität, das Schicksal des Zweibeinkäfers und darüber, wie wir Lebewesen alle voneinander abhängen.

☐ Ich sage ihm, wie toll ich sein neues After Shave finde.

Dass wir mit Argumenten nur ganz selten weiterkommen, haben wir im letzten Kapitel schon festgestellt.

Ein solcher seltener Fall liegt vor, wenn die andere Person ganz unmittelbar von einer Entscheidung betroffen ist *und* es um Dinge geht, die für die Person nützlich sind. Wenn Sie Ihrem Kollegen verklickern können, dass plötzlich sein Bürokaffee knapp würde, wenn der Zweibeinkäfer ausstirbt, könnten Argumente in diesem Fall funktionieren. Aber vielleicht gelingt Ihnen das *nicht*.

Wie einfach wäre dagegen die zweite Möglichkeit: Nur seinen Billigduft loben, und schon unterschreibt er?

Die Wissenschaft legt nahe, dass das nicht nur der leichtere Weg sein kann, sondern sogar auch der wirksamere: Wir übernehmen nämlich die Ansichten von Menschen, die wir mögen. Mögen wir jemanden nicht, dann finden wir seine Meinung von vornherein besonders doof. Ganz von alleine, ohne inhaltlich darüber nachzudenken, also völlig unabhängig von Argumenten.

In der Psychologie nennen wir das »Sozialtuning« (»Social Tuning«): Wir gleichen ständig unsere eigenen Ansichten mit denen der Menschen um uns herum ab. Ständig teilen wir uns selbst mit, vergleichen, übernehmen, lehnen ab und schaffen dadurch unsere eigene Realität. Diese Realität heißt in der Fachsprache »geteilte Realität«.

Je mehr Realität wir mit unserer Umwelt »teilen«, desto besser kommen wir mit ihr zurecht. Und besonders gut zurechtkommen wollen wir eben mit den Menschen, die wir selbst mögen. Wir fühlen uns gut, wenn diese Menschen auch uns akzeptieren – und das tun sie wiederum umso lieber, je mehr Ansichten wir mit ihnen teilen.

Eindrucksvoll zeigt sich das in diesem sehr ausgeklügelten Experiment: Man sagt Probanden, sie nähmen an einem Sehtest teil. Die Probanden sind weiße Studierende einer amerikanischen Universität, die in ihrem Studium Punkte dafür bekommen, dass sie bei Versuchen mitmachen. (Sie wissen allerdings vorher nicht, worum es in den Versuchen geht.)

Die Versuchsleiterin trägt ein T-Shirt mit einem antirassistischen Aufdruck, zum Beispiel »Eracism«, also »Rassismus auslöschen«. Sie spricht auch selbst über ihr T-Shirt, um sicherzugehen, dass die Probanden den Text wirklich gelesen haben.

Einem Teil der Probanden gegenüber verhält sich die Versuchsleiterin dabei ausgesprochen liebenswürdig: Sie ist freundlich und schenkt den Probanden gleich am Anfang Süßigkeiten, als zusätzlichen Dank dafür, dass sie ihre Zeit opfern.

Zum anderen Teil der Probanden ist sie sehr unfreundlich. Sie schiebt die Schale mit den Süßigkeiten zur Seite und ruft ruppig: »Ignorieren Sie das einfach. Manche Versuchsleiter hier im Labor geben den Teilnehmern gern Süßigkeiten, aber ich finde, Sie können schon froh sein, dass Sie für Ihre Teilnahme Punkte bekommen.«

Dann sollen die Probanden jeweils eine Taste mit dem Buchstaben »G« drücken, wenn sie das Wort »gut«

(»good«) auf einem Bildschirm lesen, und eine Taste mit dem Buchstaben »B«, wenn sie das Wort »schlecht« (»bad«) lesen.

Ein recht einfacher »Sehtest«, der es aber in sich hat: Denn kurz vor den Worten blendet man jeweils das Gesicht eines weißen oder eines farbigen Menschen ein – für 17 Millisekunden. Das ist so kurz, dass niemand diese Gesichter bewusst wahrnehmen kann. Aber es reicht, um im Kopf des Probanden das »Schema« aufzurufen, die Einstellung, die er zu der kurz eingeblendeten Person hat. Ein Schema im Kopf eines Menschen durch solche Auslöser zu aktivieren, ist ein als »Priming« bekannter Prozess. Und diese Versuchsanordnung hat sich bewährt, um unbewusste Vorurteile zu testen: Man misst nämlich jetzt die Reaktionszeit der Probanden. Wer Vorurteile gegen Farbige hat, braucht nach dem Foto eines farbigen Gesichts etwas länger, um das Wort »gut« zu bestätigen. Sein Vorurteil sperrt sich dagegen, das Bild mit dem Wort in Einklang zu bringen. Aus den Reaktionszeiten berechnet man einen Vorurteilsfaktor. In Wirklichkeit ist es also kein Sehtest, sondern ein Vorurteilstest.

Und nun steht da die Versuchsleiterin, die sich ja erkennbar gegen Vorurteile einsetzt. Werden die Probanden sich davon beeinflussen lassen?

In der Tat stellt sich heraus: Bei einer liebenswürdigen Versuchsleiterin zeigen die Probanden viel weniger Vorurteile gegen Farbige als bei einer unfreundlichen Versuchsleiterin. Sie übernehmen also die Einstellung der

Versuchsleiterin – wenn sie die Versuchsleiterin mögen. Und das alles geschieht unbewusst, ganz automatisch.

Auf den Punkt gebracht, heißt das: So leicht können Sie die Welt verändern! Schreiben Sie sich einen schönen Slogan aufs T-Shirt und seien Sie einfach nett zu andern.

Und so funktioniert es eben auch in unserem Alltag. Wir argumentieren und diskutieren um unser Leben – dabei kommt es am Ende einfach darauf an, ob uns jemand mag oder nicht. Wer das erkannt hat, verschwendet seine Zeit nicht mit Argumentieren, sondern nutzt sie stattdessen, um seine Sympathiewerte zu steigern.

Sogar dafür gibt es einen eigenen wissenschaftlichen Fachbegriff: »Ingratiation« heißt in der Psychologie ein Verhalten, mit dem man sich bei anderen Menschen einschmeichelt. Was so seriös erforscht ist, sollten wir nicht einfach als »Schleimerei« abtun.

Natürlich gibt es für die Ingratiation eigene Regeln. Menschen mögen uns zum Beispiel lieber, wenn wir …

– … ihnen möglichst ähnlich sind (Aussehen, Charakter, Vorlieben, Herkunft); das kennen wir als das »Ähnlichkeitsprinzip«.

– … ihnen möglichst oft begegnet sind; das kennen wir als den »Effekt der bloßen Darstellung«.

– … sie spüren lassen, dass wir sie *auch* mögen; das kennen wir als das »Gesetz der reziproken Zuneigung«.

– … ihr Selbstwertgefühl stärken; das kennen wir als »Fremderhöhung« (»Other Enhancement«).

Und das Selbstwertgefühl eines anderen Menschen stärken Sie am zuverlässigsten, indem Sie ihn loben. Die Macht des Lobs unterschätzen wir dramatisch! In einem faszinierenden Experiment untersucht man zum Beispiel, wie Bedienungen in einem Restaurant möglichst viel Trinkgeld bekommen. So sagt die Bedienung zu manchen Gästen nach der Bestellung: »Sie haben eine gute Wahl getroffen!« Zu anderen sagt sie das nicht. Wer für seine Essensauswahl gelobt wurde, gibt am Ende wesentlich mehr Trinkgeld.

So einfach sind die Leute zu haben. Und nun wissen Sie auch, wie Sie den Zweibeinkäfer retten können. Er wird es Ihnen danken – allerdings machen Sie sich damit nicht gerade bei Ihrem Chef beliebt, wenn der wegen Ihnen seinen Hubschrauberlandeplatz nicht bekommt. Wahrscheinlich geht die nächste Beförderungsrunde dann an Ihnen vorbei. *Allen* kann man es eben auch nicht recht machen, selbst wenn man die Regeln fürs Rechtmachen kennt.

Wo zeigt sich der Effekt des Sozialtuning in meinem Leben konkret?

Hardin, C., Higgins, E. T. (1996): *Shared Reality: How Social Verification Makes the Subjective Objective*. In R. M. Sorrentino, E. T. Higgins (Hrsg.), *Handbook of Motivation and Cognition*, Band 3: *The Interpersonal Context*, 28–84.

Sinclair, S., Huntsinger, J., Skorinko, J., Hardin, C. (2005): *Social Tuning of the Self: Consequences for the Self-Evaluations of Stereotype Targets*. Journal of Personality and Social Psychology, 89, 160–175.

Jones, E. E. (1964): *Ingratiation: A Social Psychological Analysis*. New York: Appleton-Century-Croft.

Seiter, J. S. (2007): *Ingratiation and Gratuity: The Effect of Complimenting Customers on Tipping Behavior in Restaurants*. Journal of Applied Social Psychology, 37, 478–485.

Kitz, V. (2013): *Du machst, was ich will! Wie Sie bekommen, was Sie wollen – ein Ex-Lobbyist verrät die besten Tricks*. München: Ariston.

WARUM SIE IHRE KONKURRENTINNEN NICHT WIE GIFTMÜLLLAGER BEHANDELN SOLLTEN

Die »Nullrisiko-Verzerrung« verleitet
Sie zu gefährlichen Fehlentscheidungen

Bei Ihrem Mann im Büro haben zwei neue Kolleginnen
angefangen. Von den Alarmsignalen, die Sie zur Kennt-
nis nehmen, lauten die sechs größten:

1. Ihr Mann hat Ihnen betont nebenbei erzählt, dass
   es jetzt »zwei neue Kräfte« im Büro gebe.
2. Auf Ihre Frage »Sehen die gut aus?« antwortet Ihr
   Mann: »Nicht so gut wie du.«
3. Sie haben bei Facebook recherchiert und dort nur
   Fotos der beiden im leichten Sommergewand entdeckt. Auf der Weihnachtsfeier.
4. Ihrem Mann »gefällt das«.
5. Als Sie Ihren Mann damit konfrontieren, sagt er:
   »Ach, was die anhaben, ist mir noch gar nicht so
   aufgefallen. Du, das ist eine rein sachliche Ebene
   mit denen.«
6. Beide Damen sind Singles.

Im Traum erscheint Ihnen eine gute Fee. Sie haben einen Wunsch frei und dürfen unter folgenden Möglichkeiten wählen:

1. Die Fee macht, dass beide Frauen jeweils sofort auch verheiratet sind.
2. Die Fee macht, dass beide Frauen sofort *glücklich* verheiratet sind.
3. Die Fee macht, dass eine der beiden Frauen die Blähsucht bekommt und wegen des besseren Klimas nach Südamerika auswandern muss. Die andere bleibt unverändert.

Bevor die Fee noch eine vierte Möglichkeit nennen kann, klingelt schon Ihr Wecker, und Sie müssen sich schnell entscheiden.

Welchen Wunsch äußern Sie?

»Wat fott es, es fott«, sagt der Rheinländer – jammere den Dingen nicht nach, meint er damit, denn was fort ist, ist fort. Und oft sind wir auch ganz froh, wenn etwas »fott es«, besonders, wenn es sich dabei um ein Risiko handelte.

Im Beispiel besteht ein gewisses Risiko, dass sich die »rein sachliche Ebene« weiter entwickeln könnte. Es gibt ja so viele Ebenen der Kollegialität …

Die Fee berichtet uns, dass die meisten ihrer Kundinnen den Wunsch Nr. 3 wählen. Und das deckt sich mit wissenschaftlichen Erkenntnissen.

Aber wie klug ist der Wunsch Nr. 3?

Nehmen wir an, beim Wunsch Nr. 1 – wenn also beide Konkurrentinnen verheiratet sind – halbiert sich bei beiden das Risiko, dass sich die »sachliche Ebene« mit Ihrem Mann zu sehr ausdehnt. Das Risiko beträgt also insgesamt nur noch 50 Prozent.

Nehmen wir weiter an, beim Wunsch Nr. 2 – wenn beide Frauen *glücklich* verheiratet sind – schrumpft dieses Risiko sogar insgesamt auf 10 Prozent.

Und wie ist es beim Wunsch Nr. 3? Die eine Frau ist vollkommen weg – die andere ist noch unverändert, vor allem unverheiratet, da. Betrachten wir das Gesamtrisiko, reduziert es sich also auch um 50 Prozent, denn die anderen 50 Prozent sind ja noch da.

Am besten wäre also der Wunsch Nr. 2. Er birgt zwar ein Restrisiko, aber insgesamt ist das Risiko hier mit Abstand am niedrigsten. Wünsche Nr. 1 und 3 kommen unterm Strich auf das Gleiche raus – zumindest für Sie. Denn *Ihnen* kann es ja egal sein, ob die Kollegin die Blähsucht bekommt oder gleich heiratet.

Trotzdem drängt uns unser Gehirn in solchen Situationen zur Lösung Nr. 3: Gibt es verschiedene Risiken, dann fühlen wir uns am wohlsten, wenn wir *ein* Risiko *komplett* ausschalten – auch wenn das *Gesamt*risiko bei anderen Konstellationen viel geringer wäre. Diesen Effekt nennen wir in der Psychologie die »Nullrisiko-Verzerrung« (»Zero-Risk-Bias«).

Im wahren Leben sind die Fälle viel weniger konstruiert – und trotzdem ganz ähnlich wie bei der Fee.

Im klassischen Experiment dazu sagt man Menschen zum Beispiel, es gebe in ihrer Umgebung zwei Giftmülllager, ein großes und ein kleines. Das große verursacht pro Jahr bei acht Menschen Krebs, das kleine bei vier. Insgesamt erkranken aufgrund der Lager pro Jahr also 12 Menschen an Krebs.

Der Staat stellt nun Geld bereit, um den Zustand zu verbessern. Aber was bei der Fee der Wecker ist, ist hier das Budget: Das Geld reicht leider nicht, um beide Lager restlos aufzulösen. Und wie bei der Fee bleiben drei Möglichkeiten, unter denen die Menschen ihre Wunschalternative heraussuchen sollen.

Möglichkeit 1: Beide Giftmülllager werden teilweise gereinigt. Dadurch halbiert sich jeweils die Zahl der Krankheitsfälle. Durch das erste Lager erkranken dann also noch vier Menschen pro Jahr an Krebs, durch das zweite zwei Menschen.

Möglichkeit 2: Das kleinere Mülllager wird vollständig aufgelöst. Das größere wird teilweise gereinigt, so dass es pro Jahr nur noch sieben statt bisher acht Krebsfälle verursacht.

Möglichkeit 3: Das Geld wird überwiegend verwendet, um das größere Lager zu reinigen, das kleinere wird nur ein bisschen gereinigt. Beide werden dann nur noch jeweils drei Krebsfälle pro Jahr verursachen.

Haben Sie mitgerechnet? Unterm Strich wirken sich Möglichkeit Nr. 1 und Nr. 3 genau gleich aus – insgesamt sinkt die Zahl der Krankheitsfälle bei beiden Möglichkeiten auf sechs pro Jahr. Bei Möglichkeit Nr. 2

hingegen sinkt die Gesamtzahl der jährlichen Erkrankungen nur auf sieben – es ist also die schlechteste Alternative. Wer vernünftig nachdenkt, sollte daher den Möglichkeiten Nr. 1 oder 3 den Vorrang geben.

Aber offenbar denken wir nicht vernünftig nach. Denn in dem Experiment findet fast jeder Zweite (42 Prozent), dass Möglichkeit Nr. 2 besser ist als zumindest eine der beiden anderen Lösungen. 11 Prozent meinen sogar, Nr. 2 sei die beste Möglichkeit, das staatliche Geld zu verwenden!

In einem anderen Experiment fragt man Probanden, wie viel mehr sie für ein Reinigungsmittel bezahlen würden, wenn in diesem Reinigungsmittel die giftigen Inhaltsstoffe reduziert würden. Die Leute sind jeweils bereit, einige Cent mehr zu bezahlen, um die Gefahr um einige Promille zu senken, sich mit dem Reiniger zu vergiften oder zu verätzen. Am meisten Geld aber würden sie für die letzten fünf Promille zahlen – um das Risiko also ganz auszuschalten.

Schuld daran ist unser doppelt faules Gehirn. Zum einen, weil es vorher nicht richtig rechnet. Zum anderen, weil es hinterher so wenige Baustellen wie möglich haben möchte. Denn jede Risikoquelle verlangt ihre eigene Aufmerksamkeit – können wir eine davon ganz vergessen, dann sind wir bereit, insgesamt ein höheres Risiko zu tragen. *Eine* attraktive unverheiratete Kollegin im Umfeld Ihres Mannes lässt sich eben leichter überwachen als zwei glücklich verheiratete – selbst wenn das Risiko eines »Zwischenfalls« insgesamt viel höher ist. Unser Gehirn denkt nicht daran, was für uns am besten ist – sondern wählt die Lösung, die *ihm* am wenigsten Arbeit bereitet.

Die Nullrisiko-Verzerrung kann uns teuer zu stehen kommen: Wenn clevere Verkäufer es ausnutzen, dass wir unverhältnismäßig viel Geld dafür bezahlen, *ein* Risiko ganz auszuschalten. Zum Beispiel bei Versicherungen: »Glasbruch ist auf jeden Fall abgedeckt«, »Fahrraddiebstahl ist auf jeden Fall mitversichert«. Oder bei anderen Produkten: »Garantiert ohne Gentechnik«, »ohne künstliche Farbstoffe«.

Vor allem blenden wir leicht andere Risiken aus, weil wir uns so sehr darüber freuen, dass wir *ein* Risiko los sind. Ist zum Beispiel ein Lebensmittel »fettarm«, so kann es trotzdem herrlich ungesund sein – vielleicht, weil es viel Zucker enthält. Oder umgekehrt. Unter anderem aus diesem Grund sind sogenannte »Lebensmittelampeln« umstritten, die etwa Zucker- oder Fettgehalt auf der Verpackung mit »rot« oder »grün« kennzeichnen. Die Nullrisiko-Verzerrung könnte dazu beitragen, dass wir die übrigen Ernährungseigenschaften zu leicht ausblenden, wenn wir uns nur in einem Bereich auf ein »grün« verlassen können.

Am besten freunden wir uns also mit dem guten alten Restrisiko etwas an. Eine Kombination verschiedener Restrisiken zu akzeptieren, macht zwar unserem Gehirn mehr Arbeit – kann aber unterm Strich besser sein, als sich auf einem »Nullrisiko« auszuruhen. Und billiger.

Wo zeigt sich die Nullrisiko-Verzerrung in meinem Leben konkret?

Baron, J., Gowda, R., Kunreuther, H. (1993): *Attitudes Towards Managing Hazardous Waste: What Should be Cleaned Up and Who Should Pay For It?* Risk Analysis 13, 183–192.

Viscusi, W. K., Magat, W. A., Huber, J. (1987): *An Investigation of the Rationality of Consumer Valuation of Multiple Health Risks.* Rand Journal of Economics, 18, 465–479.

DENKEN SIE NEGATIV FÜR IHREN ERFOLG

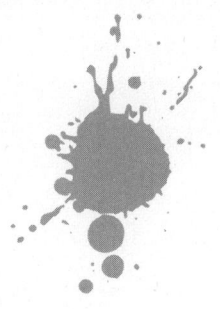

Der »Tod-ist-stärker-als-Leben-Effekt« lässt
Sie die richtigen Fragen stellen

Ihr Sohn steht kurz vor dem Abitur. Aber das Abitur
steht noch nicht ganz so nah bei ihm – besonders die
Mathematik versteckt sich hinter einer schwarzen
Wand und schweigt.
Bei Ihnen im Haus wohnt ein Matheprofessor, der Ihrem Sohn einen Turbo-Crashkurs geben könnte. Sie
möchten ihn um Hilfe bitten. Wie fragen Sie?

☐ »Würden Sie unserem Sohn bitte helfen, damit er
sein Abitur besteht?«

☐ »Würden Sie unserem Sohn bitte helfen, damit er
nicht durchs Abitur fällt?«

Die erste Antwort entspricht ganz dem, was uns heute
überall eingetrichtert wird: auf die Chancen konzentrieren statt auf die Risiken, positive Visionen vor Augen
haben statt sich um mögliche Misserfolge sorgen. Stärken betonen statt Schwächen. Es wäre daher nicht ver-

wunderlich, wenn Sie die erste – positive – Variante gewählt hätten. Sie klingt ja auch viel schöner.

Allerdings tun Sie Ihrem Sohn damit keinen Gefallen. Studien zeigen nämlich: Menschen sind wesentlich hilfsbereiter, wenn wir ihnen sagen, dass sie einen Verlust verhindern können – statt einen Gewinn ermöglichen.

Ein entsprechendes Experiment untersucht, wie man Menschen dazu bringen kann, Blut zu spenden. Man verschickt unterschiedliche Aufrufe an potenzielle Blutspender. In der einen Version heißt es: »Handeln Sie jetzt! Retten Sie jemandem das Leben!« Die andere fordert auf: »Zögern Sie nicht! Helfen Sie, jemanden vor dem Tod zu bewahren!«

Tatsächlich bewegt die Todes-Botschaft 60 Prozent mehr Menschen dazu, Blut zu spenden! Wir wollen keine Lebensretter sein, sondern Todesverhinderer.

In Deutschland lautet ein bekannter Slogan zum Beispiel »Blut spenden – Leben retten!«. Die knapp fünf Millionen Blutspenden jährlich reichen hinten und vorne nicht. Die wissenschaftlichen Erkenntnisse legen nahe: Mit der Botschaft »Tod verhindern!« könnte man zusätzliche drei Millionen Spenden gewinnen.

Der Tod-ist-stärker-als-Leben-Effekt tritt nicht nur auf, wenn es wirklich um Leben und Tod geht. In einer anderen Versuchsanordnung prüft man, wann Probanden eher einer Familie helfen, die wegen Arbeitslosigkeit in Not geraten ist – indem sie Geld spenden oder dem Familienvater bei einer Bewerbung helfen. Die

Unterschiede in der Formulierung hält man winzig: Einmal soll es darum gehen, die Situation für die Familie zu »verbessern«, einmal darum, die Situation »nicht zu verschlechtern«.

Das klingt nach Wortklauberei. Trotzdem helfen die Probanden auch hier eher bei der zweiten, also der negativ formulierten Variante.

Wie lassen sich diese Ergebnisse erklären?

Zunächst einmal mit ganz egoistischen Motiven: Wir wollen wichtig sein. Wir freuen uns, wenn der Verlauf der Weltgeschichte von uns abhängt! Wenn wir jemanden vor einem unmittelbaren Schaden bewahren können, erscheint dieser Mensch noch einmal viel abhängiger von uns – und unser eigenes Handeln viel bedeutungsvoller. Geht es hingegen »nur« darum, jemandem einen Gewinn zu ermöglichen, seine Lebenssituation ein wenig zu verbessern, scheint unser Handeln nicht so bedeutend – und schon reizt es uns weniger. Wie die Beispiele zeigen, genügt es dabei schon, dasselbe Anliegen nur unterschiedlich zu formulieren.

Hinzu kommt ein weiterer Effekt: Erinnern Sie sich einmal daran, als Sie zum letzten Mal einen Urlaub buchen oder einen Roman kaufen wollten. Für alles gibt es heutzutage Testseiten im Internet. Welche Bewertungen lesen Sie sich da zuerst durch? Und welche sind am Ende ausschlaggebend für die Entscheidung? Nicht selten sind es doch die schlechten, mag es auch noch so viele gute geben.

In der Tat legen Studien nahe: Wir wägen negative Informationen länger und tiefer ab als positive. Wir »verbuchen« Gewinne und Verluste im Gehirn offenbar getrennt und rechnen sie nicht eins zu eins gegeneinander auf. Die Verluste wiegen schwerer.

Schließlich sind die Schmerzen über den Verlust einer Sache größer als die Freude über ihren Gewinn. Das kennen wir als den »Besitztumseffekt«: Ärgern Sie sich nicht auch wesentlich mehr darüber, wenn die Benzinpreise um zwei Cent stiegen – als Sie sich darüber freuen, wenn sie um zwei Cent fallen?

Vor allem im Berufsleben wimmelt es ja überall von »Chancen«, »Zielen« und »Möglichkeiten«. Mit »Prämien« oder »Boni« versucht man die Leute dazu zu motivieren, »Ziele« zu erreichen und »Leistung« zu bringen. Alles furchtbar positiv! Und alles ziemlich wirkungslos. Würde man den Menschen ein höheres Grundgehalt geben und dann jeweils einen bestimmten Betrag davon abziehen, wenn sie Mist bauen – dann liefe das unterm Strich auf die gleiche Summe hinaus, wäre aber wesentlich wirkungsvoller.

Denken Sie also öfter mal negativ, wenn Sie etwas von anderen wollen! Sprechen Sie nicht die Chancen an, sondern die möglichen Verluste. Wollen Sie im Beispiel von oben etwa auch Ihren Sohn selbst davon überzeugen, sich ein wenig mehr reinzuhängen, dann können Sie ihm als Belohnung eine schöne Reise versprechen – wenn er sein Abitur besteht. Oder aber Sie »versprechen« ihm, dass er das elterliche Auto, das er

bisher benutzt hat, erst mal nicht mehr fahren darf –
wenn er durchfällt. Die zweite Lösung ist verpönt, denn
sie klingt nach »Strafe«, betont das Negative. Und doch
ist sie wesentlich wirkungsvoller. Und für Sie auch noch
viel billiger.

Wo zeigt sich der Tod-ist-stärker-als-Leben-Effekt in meinem Leben konkret?

Chou, E. Y., Murnighan, J. K. (2013): *Life or Death Decisions: Framing the Call for Help*. PLoS ONE 8(3): e57351. doi:10.1371/journal.pone.0057351.

Lee, J. A., Murnighan, J. K. (2001): *The Empathy-Prospect Model and the Choice to Help*. Journal of Applied Social Psychololgy, 31, 816–839.

Levin, I. P., Schneider, S. L., Gaeth, G. J. (1998): *All Frames Are Not Created Equal: A Typology and Critical Analysis of Framing Effects*. Organizational Behavior and Human Decision Processes, 76, 149–188.

Dreben, E. K., Fiske, S. T., Hastie, R. (1979): *The Independence of Evaluative and Item Information: Impression and Recall Order Effects in Behavior-Based Impression Formation*. Journal of Personality and Social Psychololgy, 37, 1758–1768.

SO SIND SIE BESONDERS – REALISTISCH

Der »Effekt der falschen Einzigartigkeit« und
der »Effekt der falschen Zustimmung«
verzerren Ihr Selbstbild

Befassen wir uns mal wieder mit Vornamen! Was glauben Sie: Welcher dieser Vornamen kommt besonders selten auf der Welt vor?

☐ Maria

☐ Peter

☐ Jennifer

☐ Cynthia-Hildegunde

☐ Gotthold Ambrosius

☐ Ihr eigener Vorname (soweit nicht oben enthalten)

Auf den ersten Blick eigentlich ziemlich klar – denn natürlich weiß jeder: Viel mehr Leute heißen Maria, Peter oder Jennifer als Cynthia-Hildegunde oder Gotthold Ambrosius. Doch inwiefern würde Ihre Schätzung beeinflusst, wenn Sie selbst zum Beispiel Peter oder Cynthia-Hildegunde hießen – wenn es also um Ihren eigenen Namen ginge?

In einem interessanten Experiment lässt man Menschen genau das schätzen: Man fragt sie, wie häufig ihrer Meinung nach ein bestimmter Vorname auf einer Skala von 1 bis 100 in der Bevölkerung vorkommt. Handelt es sich dabei um ihren eigenen Namen, so schätzen sie ihn im Durchschnitt um zehn Punkte seltener ein als andere Befragte, die diesen Namen nicht selber tragen. Und alle glauben, dass ihr eigener Vorname wesentlich seltener ist, als das in Wirklichkeit der Fall ist.

Warum verbringt man seine Zeit mit solchen Umfragen? Weil sie wichtige Rückschlüsse darauf zulassen, wie realistisch wir uns selbst einschätzen. Der Vorname-Effekt ist nämlich nur Teil eines generellen Phänomens, das in der Fachsprache »Effekt der falschen Einzigartigkeit« (»False Uniqueness Effect«) heißt. Wir halten uns für viel außergewöhnlicher, als wir sind – nicht nur beim Namen. Und wir streben generell rund um die Uhr danach, anders zu sein als andere Menschen!

Man sagt Probanden zum Beispiel nach einem Persönlichkeitstest, ihre Persönlichkeit sei entweder durchschnittlich oder außergewöhnlich. Danach können sie bestimmte Aktivitäten ausprobieren, wie auf einem Jahrmarkt mit verschiedenen Ständen. Manche Aktivitäten sind für sie neu, andere kennen sie schon. Man sagt den Probanden, dass manche Aktivitäten häufiger gewählt werden als andere.

Diejenigen, die das Ergebnis »durchschnittliche Persönlichkeit« erhalten haben, wählen nun geradezu zwanghaft eine selten gewünschte Aktivität – selbst wenn sie diese Aktivität schon kennen. Lieber verzichten sie auf neue Erfahrungen, als dass sie die Wertung »ich bin wie alle anderen« auf sich sitzen lassen.

Wer hingegen beim Test schon das Gütesiegel »außergewöhnlich« bekommen hat, ist entspannter. Er wählt einfach die Aktivität, die ihn am meisten interessiert – selbst wenn das etwas ist, das alle machen.

In anderen Experimenten ändern Probanden ihre Meinung, wenn man ihnen sagt, die Meinung entspreche dem Durchschnitt. Sagt man ihnen hingegen, ihre Meinung sei ganz außergewöhnlich, dann verstärken sie ihre Ansichten. Entsprechend halten Menschen bei Befragungen regelmäßig Ihre eigene Meinung für sehr außergewöhnlich – selbst wenn sie nur etwas nachplappern, was praktisch alle sagen.

Das Interessante: Stellt man die Fragen nur ganz leicht anders, so stößt man auf ein scheinbar gegensätzliches Phänomen. Fragt man jemanden nicht, ob seine Meinung durchschnittlich ist, sondern wie viel Prozent der Bevölkerung seine Meinung teilen werden – dann stellt sich heraus: Wir überschätzen dramatisch, wie viele andere Menschen unseren Ansichten zustimmen! Wir glauben auch, dass viel mehr Menschen die gleichen Gewohnheiten haben wie wir, zum Beispiel beim Essen oder bei sportlicher Betätigung. Dabei halten wir vor allem negativ belegte Meinungen und Gewohnheiten für viel verbreiteter, als sie es in Wirklichkeit sind. Das ist bekannt als der »Effekt der falschen Zustimmung« (»False Consensus Effekt«).

Beide Effekte sind Selbsttäuschungen, und beide machen uns auf ihre Weise das Leben angenehmer: Der Effekt der falschen Einzigartigkeit befriedigt unser Bedürfnis, außergewöhnlich zu sein. Mit dem Effekt der falschen Zustimmung hingegen machen wir uns das Leben mit unseren Mitmenschen leichter, und zwar gleich doppelt: Erstens wissen wir von anderen Menschen ja anfangs gar nicht, welche Ansichten und Eigenschaften sie haben. Daher übertragen wir einfach mal unsere eigenen Ansichten und Eigenschaften auf diese Person – das nennt man in der Psychologie »Projektion«. Und zweitens lassen sich die Menschen um uns herum auch viel leichter handhaben, wenn sie so ticken wie wir selbst. Deshalb glauben wir doppelt gern, dass die anderen genauso denken und handeln wie wir.

Die beiden Effekte sind dann doch nicht so gegensätzlich, wie sie auf den ersten Blick scheinen. Sicher kennen Sie das aus hitzigen Diskussionen: Da sind Leute unglaublich stolz darauf, dass sie zu einem bestimmten Thema eine bestimmte Meinung haben. Diese eigene Meinung erscheint ihnen besonders wertvoll, weil sie sie auf besondere Weise und durch besonderes Wissen oder Nachdenken gebildet haben. Gleichzeitig sind sie erstaunt darüber, wenn nicht jeder diese Meinung teilt, denn sie ist ja »die richtige«. Stimmt ihnen dann doch jemand zu, sind sie auch wieder enttäuscht, weil ihre Meinung dann nicht mehr so besonders ist.

Mit anderen Worten: Wir fühlen uns gern so, als hätten wir zuerst die »richtige« Ansicht und Verhaltensweise entdeckt. Alle anderen haben dann gar keine andere Wahl als uns zu folgen – trotzdem bleibt unser Denken und Handeln qualitativ irgendwie »besser«.

Sie sehen: Unser Gehirn ist sogar in seinen Selbsttäuschungen flexibel – Hauptsache, wir fühlen uns in der jeweiligen Situation gerade gut!

Was lernen wir daraus? Seien Sie skeptisch, wenn Sie denken, dass Sie in einem Punkt besonders außergewöhnlich *oder* besonders gewöhnlich sind. Beides kann eine Selbsttäuschung sein, mit negativen Folgen: Denn einerseits sind wir unseren Mitmenschen viel ähnlicher, als wir glauben. Würden wir das öfter akzeptieren und nicht ständig krampfhaft unsere Individualität aufmotzen, kämen wir viel besser miteinander zurecht.

Andererseits denken aber auch nicht alle Menschen so wie wir, nur weil wir das gerade für praktisch halten. Achten Sie darauf, dass Sie nicht in die Projektions-Falle tappen, wenn Sie andere beurteilen. Besonders in Beziehungen hat man zum Beispiel festgestellt: Je länger sie dauern, desto einfacher macht es sich jeder Partner und unterstellt immer öfter, der andere ticke wie er selbst. Gut ist das natürlich nicht für die Beziehung …

Schließlich können Sie das krampfhafte menschliche Bedürfnis, anders zu sein, ausnutzen, wenn Sie jemanden dazu bringen wollen, seine Meinung zu ändern: Sagen Sie ihm einfach, seine Meinung sei totaler Mainstream.

Wo zeigen sich der Effekt der falschen Einzigartigkeit und der Effekt der falschen Zustimmung in meinem Leben konkret?

Kulig, J. W. (2013): *What's in a Name? Our False Uniqueness!* British Journal of Social Psychology, 173–179.

Fromkin, H. L. (1970): *Effects of Experimentally Aroused Feelings of Indistinctiveness Upon Valuation of Scarce and Novel*

Experiences. Journal of Personality and Social Psychology, 16, 521–529.

Duval, S. (1976): *Conformity on a Visual Task as a Function of Personal Novelty on Attitudinal Dimensions and Being Reminded of the Object Status of the Self.* Journal of Experimental Social Psychology, 12, 87–98.

Weir, H. B. (1972): *Deprivation of the Need for Uniqueness and Some Variables Moderating its Effects.* Athens: University of Georgia.

Krueger, J. I. (2007): *From Social Projection to Social Behaviour.* European Review of Social Psychology, 18, 1–35.

Scheibehenne, B., Mata, J., Todd, P. M. (2011): *Older but not Wiser—Predicting a Partner's Preferences Gets Worse with Age.* Journal of Consumer Psychology, 21, 184–191.

EINE HAND WÄSCHT DIE ANDERE – AUCH WENN SIE GAR NICHT SCHMUTZIG IST

Mit dem »Tür-ins-Gesicht-Effekt«
bekommen Sie, was Sie wollen

Sie wollen Ihren Arbeitgeber dazu bringen, Ihnen ein
Jobticket für den Weg zur Arbeit zu spendieren. Allerdings ist Ihre Chefin nicht gerade dafür bekannt, dass
sie vorschnell die Wünsche ihrer Mitarbeiter erfüllt.
Wie gehen Sie am geschicktesten vor?

☐ Ich frage sie zuerst, ob ich einen Porsche als Firmenwagen bekommen kann. Findet die Chefin das
   übertrieben, frage ich nach dem Jobticket.

☐ Ich sage ihr, dass ich eines auf jeden Fall brauche:
   entweder einen Porsche als Firmenwagen oder ein
   Jobticket. Ich überlasse ihr die Wahl.

☐ Ich rede nicht drum herum und frage sie bei der
   nächsten Gelegenheit direkt nach dem Jobticket.

Oft hören wir: Wer jemanden von etwas überzeugen will, sollte im Gespräch möglichst viele »Ja«s bekommen. »Geben Sie dem Kunden keine Gelegenheit, ›nein‹ zu sagen«, können Sie in jedem Verkaufshandbuch nachlesen. Und irgendwie »verkaufen« wir im Alltag ja alle ständig etwas an jemanden.

Aber ist ein »nein« wirklich so falsch?

In einem Experiment untersucht man: Wie lassen sich Studierende am leichtesten davon überzeugen, jugendliche Strafgefangene einmal auf einen Ausflug in den Zoo zu begleiten? Man testet drei Möglichkeiten.

Die erste Gruppe fragt man geradeheraus: »Wir suchen Freiwillige, die mit jugendlichen Strafgefangenen in den Zoo gehen. Das dauert einmalig zwei Stunden an einem Nachmittag oder Abend. Wärst du dazu bereit?«

Eine zweite Gruppe konfrontiert man zuerst mit einer viel größeren, eher unverschämten Bitte: »Wir suchen Freiwillige, die sich regelmäßig um jugendliche Strafgefangene kümmern, zwei Stunden pro Woche, für mindestens zwei Jahre. Kommt das für dich infrage?« Nachdem die Probanden – wenig überraschend – abgelehnt haben, teilt man ihnen mit, sie könnten sich auch anderweitig engagieren: bei einem einmaligen Ausflug in den Zoo für zwei Stunden.

Einer dritten Gruppe sagt man, für beide Programme suche man dringend Freiwillige: für die wöchentliche Betreuung ebenso wie für die Zoobegleitung. Und man fragt die Probanden, ob sie sich vorstellen könnten, in einem der beiden Programme aktiv zu werden.

Die Ergebnisse sprechen für sich: Von denen, die geradeheraus gefragt wurden, ist nur gut jeder Sechste bereit, mit den Jugendlichen einmal in den Zoo zu gehen. Stellt man die Probanden vor die Wahl, wie in der dritten Gruppe, ist es immerhin schon jeder Vierte.

Rasant nach oben aber springt die Erfolgsquote in der zweiten Gruppe: Äußert man erst die unverschämte Bitte und dann die eigentliche, hilft plötzlich jeder Zweite!

Die Chance auf ein »ja« ist also dreimal so hoch, wenn man jemanden vorher um einen unverschämt großen Gefallen bittet und sich erst einmal ein »nein« einfängt. Diesen Effekt nennen wir »Tür-ins-Gesicht-Effekt«: Sie lassen sich erst eine große Tür ins Gesicht zuschlagen, damit sich die zweite, eigentliche Tür öffnet.

Eine Erklärung dafür ist die sogenannte »Reziprozität«, die Gegenseitigkeit. Das Gegenseitigkeitsprinzip beherrscht unser Zusammenleben in allen Beziehungen, seien sie geschäftlich, privat oder gar sehr privat. Immer trachten wir danach, dass Geben und Nehmen in einem ausgeglichenen Verhältnis stehen. Sonst fühlen wir uns schlecht – und zwar auf *beiden* Seiten. Selbst derjenige, der zu viel bekommen hat – eine »Überbelohnung« –, freut sich darüber also nicht, sondern versucht das Verhältnis auszugleichen. Schenkt ein Versuchsleiter während eines Experiments zum Beispiel manchen Probanden einen Softdrink und bittet sie hinterher, ihm Lose für einen guten Zweck abzukaufen, dann kaufen die Beschenkten viel mehr Lose als diejenigen, die keinen Softdrink bekommen haben. Und viel teurere.

Rücke ich nun von einer großen Bitte ab und bitte dieselbe Person plötzlich nur noch um etwas viel Kleineres, dann empfindet diese Person das als ein Entgegenkommen. Um das Gleichgewicht wiederherzustellen, fühlt sie sich dazu genötigt, mir ebenfalls entgegen zu kommen – indem sie mir die kleinere Bitte erfüllt.

Deshalb funktioniert der Tür-ins-Gesicht-Effekt auch nicht, wenn man Probanden zwar erst um einen großen, dann um einen kleinen Gefallen bittet – aber durch zwei verschiedene Personen, die sie nacheinander auf der Straße ansprechen. Weil es nicht dieselbe Person ist, die von dem größeren Gefallen auf den kleineren »herunterschaltet«, nimmt der Proband kein Entgegenkommen wahr, sondern eher einen Zufall.

Was lernen wir daraus? Ein »nein« kann die Chancen auf ein »ja« steigern! Wenn Sie Ihr Kind dazu bringen wollen, wenigstens einmal sein eigenes Zimmer aufzuräumen, dann können Sie mehr erreichen, wenn Sie es vorher (erfolglos) darum bitten, Ihnen beim gesamten Wohnungsputz zu helfen. Wollen Sie, dass Ihre Vermieterin Ihnen eine neue Badewanne spendiert, dann sollten Sie erst einmal nach einer Komplettsanierung fragen.

Und passen Sie auf, dass Sie nicht selbst Opfer des Tür-ins-Gesicht-Effekts werden. Bringt Ihnen zum Beispiel eine Verkäuferin erst einmal eine wesentlich teurere Bluse zum Anprobieren: Wie frei fühlen Sie sich dann wirklich noch, nicht wenigstens die billigere zu kaufen, das Geschäft also ganz ohne einen Einkauf zu verlassen?

Wo zeigt sich der Tür-ins-Gesicht-Effekt in meinem Leben konkret?

Cialdini, R. B., Vincent, J. E., Lewis, S. K., Catalan, J., Wheeler, D., Darby, B. L. (1975): *Reciprocal Concessions Procedure for Inducing Compliance: The Door-in-the-Face Technique.* Journal of Personality and Social Psychology, 31, 206–215.

Dolinski, D. (2011): *A Rock or a Hard Place: The Foot-in-the-Face Technique for Inducing Compliance Without Pressure.* Journal of Applied Social Psychology, 41, 1514–1537.

Regan, R. T. (1971): *Effects of Favor and Liking on Compliance.* Journal of Experimental Social Psychology, 7, 627–639.

Ebster, C., Neumayr, B. (2008): *Applying the Door-in-the-Face Compliance Technique to Retailing.* The International Review of Retail, Distribution and Consumer Research, 18, 121–128.

SO WERDEN SIE BELIEBT, INDEM SIE ANDERE AUSNUTZEN

Mit dem »Benjamin-Franklin-Effekt«
tun andere Ihnen gleich einen
doppelten Gefallen

Bei Ihnen im Büro hat eine neue Kollegin angefangen.
Sie wünschen sich ein gutes Betriebsklima und möchten, dass die Kollegin Sie mag. Am schönsten wäre es,
wenn sie am Freitag auch die Spätschicht für Sie übernehmen könnte – denn da haben Sie was vor. Was tun
Sie, um der neuen Kollegin sympathisch zu werden?

☐ Ich biete ihr bei nächster Gelegenheit einen Gefallen
an, zum Beispiel, ihr etwas aus der Kantine mitzubringen.

☐ Ich bitte *Sie* bei nächster Gelegenheit um einen
Gefallen, zum Beispiel, *mir* etwas aus der Kantine
mitzubringen.

Natürlich kann die erste Möglichkeit funktionieren. Sie
baut auf das Gegenseitigkeitsprinzip: Tue ich jemandem
etwas Gutes, dann will er mir auch etwas Gutes tun, um

das Gleichgewicht wiederherzustellen. Einigen Menschen ist das aber zu durchsichtig, zu anstrengend – oder zu »schleimig«.

Wesentlich einfacher und unauffälliger wäre es ja, wenn es auch andersherum funktionieren würde: Jemand tut *Ihnen* einen Gefallen *und* mag Sie danach noch lieber.

Die gute Nachricht: Auch diese Strategie funktioniert!

Auf den Punkt gebracht hat dieses Phänomen bereits der amerikanische Staatsmann Benjamin Franklin. Er beschreibt, wie er die Sympathie eines politischen Gegners gewann: Er hatte gehört, dass der politische Gegner ein seltenes Buch besaß – und bat den Mann, ihm dieses Buch für ein paar Tage auszuleihen. Diesen Gefallen tat er ihm, und danach verwandelte sich die Feindschaft in eine lebenslange Freundschaft. Franklin fasst zusammen: »Wer dir einmal einen Gefallen getan hat, wird dir eher einen weiteren Gefallen tun als jemand, dem *du* einmal einen Gefallen getan hast.« Der Effekt wurde daher bekannt als der »Benjamin-Franklin-Effekt«.

Der Effekt ist nicht nur die zufällige Beobachtung eines umtriebigen Mannes, der unter anderem auch den Blitzableiter und sonstige nützliche Sachen erfunden hat. Er ist auch wissenschaftlich belegt: Man lässt Probanden an einem Wettbewerb teilnehmen und jeweils eine beachtliche Summe Geld gewinnen. Hinterher bittet der Versuchsleiter einige der Probanden darum, ihm das Geld wieder zurückzugeben. Sie würden ihm damit einen großen Gefallen tun, sagt er, denn er habe das Preisgeld aus eigener Tasche bezahlt. Er komme in finanzielle Probleme, wenn sie ihm dieses Geld nicht wieder zurückgäben.

Andere Probanden bittet die Sekretärin des Instituts darum, das Geld zurückzugeben, denn sonst bekomme das Institut finanzielle Probleme.

Eine dritte Gruppe bittet gar niemand um einen Gefallen. Diese Probanden verlassen den Wettbewerb mit dem Preisgeld in der Tasche.

Fragt man die Probanden hinterher, wie sympathisch sie den Versuchsleiter finden, stellt man fest: Wer dem Versuchsleiter das Geld zurückgegeben hat, mag ihn am meisten – am wenigsten Sympathie äußert die dritte Gruppe, die niemandem einen Gefallen getan hat. Die zweite Gruppe, die das Geld über die Sekretärin an das Institut zurückgegeben hat, verteilt ihre Sympathiepunkte irgendwo dazwischen.

Die Menschen, denen wir einen direkten, persönlichen Gefallen getan haben, werden uns also tatsächlich sympathischer.

Der Grund dafür ist unser faules Gehirn. Am liebsten ist es ihm, wenn alles zusammenpasst und zwischen unserem Denken und Handeln Harmonie herrscht. Dann kann es sich schlafen legen und braucht nicht nach einer Lösung für lästige Widersprüche zu suchen – sogenannte »kognitive Dissonanzen«. Und da unser Gehirn »weiß«, dass man nur solchen Menschen einen Gefallen tut, die man mag, schließt es messerscharf: Eine Person, der wir einmal einen Gefallen getan haben, die müssen wir schon ziemlich mögen.

Damit Denken und Handeln auch weiterhin schön in Einklang bleiben, wird unser Gehirn bei nächster Gelegenheit wieder geneigt sein, dieser Person – die wir ja so mögen – einen neuen Gefallen zu tun. Indem Sie jemanden um einen ersten Gefallen bitten, öffnen Sie also schon die Tür für einen weiteren Gefallen.

Dies nutzt die sogenannte »Fuß-in-der-Tür-Technik« ganz gezielt aus. Während die »Tür-ins-Gesicht-Technik« aus dem letzten Kapitel eine Nein-Ja-Strategie ist, baut die »Fuß-in-der-Tür-Technik« tatsächlich auf einen Ja-Ja-Prozess: Hier erbitten Sie von jemandem zuerst einen kleinen Gefallen, den kein vernünftiger Mensch ausschlagen kann. Das kann etwas sein, das Sie eigentlich gar nicht brauchen – ihren eigentlichen, grö-ßeren Wunsch heben Sie sich für später auf. Wichtig ist dabei gerade, dass Sie den Gefallen *nicht* erwidern! Sonst kann das Gehirn des anderen den Gefallen und den Gegen-Gefallen miteinander verbuchen und kommt nicht in die Verlegenheit, sich das eigene Verhalten mit Sympathie erklären zu müssen.

Später äußern Sie dann Ihren wahren, größeren Wunsch. Weil der andere sich nicht zu seinem früheren Verhalten in Widerspruch setzen will, wird er Ihnen auch diesen erfüllen.

Seien Sie sich auch darüber bewusst, was Sie selbst bei sich anrichten, wenn *Sie* anderen einen Gefallen tun! Oft denken wir, mit einem Gefallen wäre die Sache für uns erledigt und der andere stünde dann erst einmal in unserer Schuld. In Wahrheit wird Ihr Gehirn aber in Zukunft darauf drängen, dass Sie der anderen Person noch weitere Gefallen tun. Wollen Sie diese Spirale verhindern, ist das erste »Nein« das wichtigste.

Möchten Sie also im Beispiel von oben, dass Ihre Kollegin eine Schicht für Sie übernimmt, steigen Ihre Chancen auf ein »Ja«, wenn Sie sie vorher erfolgreich darum gebeten haben, Ihnen einen Kaffee aus der Kantine mitzubringen.

Und die Anmache »Hast du mal Feuer?« ist tatsächlich nicht die schlechteste …

Wo zeigt sich der Benjamin-Franklin-Effekt in meinem Leben konkret?

Franklin, B. (1868/1900): *The Autobiography of Benjamin Franklin* (Hrsg. J. Bigelow). Philadelphia: Lippincott.

Jecker, J., Landy, D. (1969): *Liking a Person as a Function of Doing Him a Favor*. Human Relations, 22, 371–378.

Freedman, J. L., Fraser, S. C. (1966): *Compliance Without Pressure: The Foot-in-the-Door Technique*. Journal of Personality and Social Psychology, 4, 195–202.

WAS DU HEUTE KANNST BESORGEN, DAS VERGISST DU WIEDER MORGEN

Mit dem »Zeigarnik-Effekt« schieben Sie Dinge guten Gewissens auf – und lernen dabei auch noch

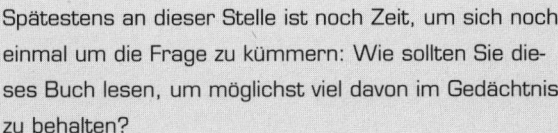

Spätestens an dieser Stelle ist noch Zeit, um sich noch einmal um die Frage zu kümmern: Wie sollten Sie dieses Buch lesen, um möglichst viel davon im Gedächtnis zu behalten?

☐ In einem Rutsch durch.

☐ Mehrmals, immer mal wieder.

☐ Das Ende möglichst lange hinauszögern.

Falls Sie kürzlich erst angefangen haben zu lesen und schon hier angekommen sind: Dann freut uns das natürlich. Aber legen Sie lieber mal eine kleine Pause ein. Zumindest, wenn Sie auf längere Sicht mehr davon haben wollen.

Denn Forschungsergebnisse legen nahe: Wir können Dinge besser behalten, wenn wir sie zwischendurch unterbrechen und gerade *nicht* zu Ende führen. Schon vor bald 100 Jahren entdeckte die russische Psychologin Bluma Wulfovna Zeigarnik diesen Effekt in Berlin. Deshalb ist er als »Zeigarnik-Effekt« in die Lehrbücher eingegangen.

Zeigarnik gab damals Probanden 22 ganz unterschiedliche Aufgaben, zum Beispiel:

– Ein Monogramm ihres Namens zeichnen,
– aus einer in Streifen zerschnittenen Streichholzschachtel einen Stuhl basteln,
– einen zur Schleife gebogenen Draht gerade biegen,
– aus Papierschnipseln ein Teppichmuster legen,
– in eine Ellipse möglichst viele Kreuze zeichnen,
– Blätter nummerieren,
– einen sinnvollen Satz mit den Worten »Wolke, Hass, Draht, Tisch« bilden,
– Papierschlangen falten,
– eine deutsche Stadt und einen deutschen Schriftsteller mit denselben Anfangsbuchstaben, deren Namen aus sieben Buchstaben besteht, finden und aufschreiben,
– eine fünfstellige Zahl finden, die dreimal so groß wird, wenn man ihr an 6. Stelle eine 1 anfügt, wie wenn man eine 1 *vor* die Zahl stellt,
– aus Draht ein 20 cm langes Zöpfchen häkeln.

Wie viele der Aufgaben könnten Sie spontan jetzt noch wiedergeben? Sehen Sie – und die Probanden hatten doppelt so viele Aufgaben zu bewältigen. Man kann sich nicht alle merken. Gerade deshalb eignet sich der

Test gut dazu, um zu untersuchen, unter welchen Bedingungen sich Dinge am besten einprägen.

Bei der Hälfte der Aufgaben unterbrach nun Zeigarnik die Probanden, bevor sie fertig waren. Und sagte ihnen, sie sollten mit der nächsten Aufgabe weitermachen. Am Ende sollten alle Probanden aufzählen, an welchen Aufgaben sie teilgenommen hatten. Tatsächlich konnten sie sich fast doppelt so häufig an Aufgaben erinnern, die sie *nicht* zu Ende gebracht hatten.

Nun sagen Sie vielleicht: Das kann ja auch an den Aufgaben liegen. Die Aufgabe »einen sinnvollen Satz mit den Worten ‚Wolke, Hass, Draht, Tisch‘ bilden« bleibt manchen vielleicht schon allein deswegen leichter im

Gedächtnis, weil sie so doof ist und man damit viel Zeit verbringt. Deswegen hatte Zeigarnik darauf geachtet, dass *alle* Aufgaben mal zu Ende gemacht, mal unterbrochen wurden. Auch sorgte sie dafür, dass die Probanden mit den unterschiedlichen Aufgaben jeweils ähnlich viel Zeit verbrachten. Der Effekt trat trotzdem quer durch die Bank und unabhängig von der konkreten Aufgabe auf.

Wie lässt sich der Zeigarnik-Effekt dann erklären?

Fangen wir etwas an und führen es nicht zu Ende, bauen wir damit eine innere Spannung auf: ein »unbefriedigtes Quasibedürfnis«, die Aufgabe zu Ende zu bringen. Deshalb hält unser Gehirn die Informationen zu dieser Aufgabe leichter verfügbar. Es lässt sie im Ordner »Aktuelles« und packt sie noch nicht in die Kiste »Erledigt – kann entsorgt werden«.

Das tröstet viele von uns, die von Aufschieberitis betroffen sind. Gerade wenn wir etwas lernen sollen, zum Beispiel im Studium oder für eine Prüfung in der Berufsausbildung, kann es helfen, ein Thema möglichst lange zu »strecken« – jedenfalls für die Gedächtnisleistung. Ein Thema abhaken zu können, ist zwar sehr befreiend, aber eben auch befreiend für unser Gedächtnis. Es ist der Startschuss fürs Vergessen.

Andere Forscher bezweifelten zwar später, dass man die Zeigarnik-Ergebnisse für das Alltagsleben verallgemeinern könne. Aber probieren Sie es doch einfach mal aus: Achten Sie darauf, wie oft Ihnen im Alltag Effekte aus diesem Buch auffallen, solange Sie es noch nicht zu

Ende gelesen haben – und wie oft Sie noch an die Alltagspsychologie denken, wenn das Buch erst einmal im Regal steht.

Natürlich hilft auch die zweite Methode aus den Möglichkeiten oben: die Wiederholung. Am besten lesen Sie das Buch also fünfmal hintereinander – und sparen Sie sich immer das letzte Kapitel. (Das Gewinnspiel auf S. 276 sollten Sie natürlich auf jeden Fall lesen …)

Wo zeigt sich der Zeigarnik-Effekt in meinem Leben konkret?

Zeigarnik, B. (1927): *Das Behalten erledigter und unerledigter Handlungen.* Psychologische Forschung 9, 1–85.

Kiebel, E. M. (2009): *The Effects of Directed Forgetting on Completed and Incompleted Tasks.* Unter: http://course1.winona. edu/CFried/journal/Papers%202009/Liz%20formatted.pdf.

KANN ES EIN »HOCHMOTIVIERTES TEAM« GEBEN?

Das »soziale Faulenzen« sollte Ihren Blick auf Teams verändern

Sie sind mit Ihrem Auto mitten auf der Straße liegen geblieben, 100 Meter vor Ihrer Wohnung. Sie sind sowieso spät dran, denn in einer halben Stunde haben Sie zu Hause ein Date, und Sie haben noch nicht mal die Fotos Ihres letzten Partners von der Wand abgehängt.

Sie steigen aus, um den Rest zu schieben – da sehen Sie zum Glück gleich drei Passanten in der Nähe und beschließen, die für sich arbeiten zu lassen.

Wie nutzen Sie die Leistung der drei am besten aus?

☐ Ich rufe alle drei zusammen und bitte sie, mein Auto gemeinsam nach Hause zu schieben.

☐ Ich lasse jeden von ihnen jeweils 33,33 Meter allein schieben.

Ach, was wäre unser Arbeitsleben ohne seine Teams! Wer nicht »teamfähig« ist, bekommt heute keinen Job mehr – und eine Stelle, die nicht die »Zusammenarbeit in einem dynamischen Team« bietet, darf erst gar nicht ausgeschrieben werden. Diesen Eindruck hat man zumindest manchmal. Arbeitsaufträge gehen an Teams, ebenso wie Dank und Kritik. Der Einzelne existiert gar nicht mehr.

Daher liegt es nahe, dass wir auch bei der Autopanne auf das bewährte Team zurückgreifen. Es scheint ja auch plausibel, dass drei Leute gemeinsam ein schweres Auto besser schieben können als jeder von ihnen einzeln nacheinander.

Dabei ist schon lange bekannt, dass dieser Schein trügt – aus einer Zeit, in der Wagen noch von Ochsen und Pferden gezogen wurden. Schon 1882 untersuchte der französischer Agraringenieur Maximilian Ringelmann, wie man die Kraft von Pferden, Ochsen und Menschen am effektivsten einsetzen kann. Wir beschäftigen uns hier mit den Menschen – auf die Ochsen bei Ihnen auf der Arbeit dürften die Ergebnisse übertragbar sein.

Ringelmann testete, wie es sich auswirkte, wenn man statt einen Mann sieben Männer an einem Seil ziehen ließ. Eigentlich hätten sieben Männer ja auch sieben Mal so viel Kraft haben müssen. Aber genau das war nicht der Fall: Allein zog jeder Mann 85 kg (das »Kraftkilogramm« war damals eine Maßeinheit für die Kraft, die wir heute in Newton messen). In der Siebenergruppe entfielen auf jeden nur 65 kg. Mehr als ein Viertel der Leistung blieb also durch die Teamarbeit auf der Strecke! Ringelmann ging noch einen Schritt weiter und bildete Gruppen mit 14 Männern – hier sank der Wert noch weiter auf 61 kg pro Person.

Ringelmann hatte für seinen »Ringelmann-Effekt« zwei mögliche Erklärungen. Zum einen Koordinationsprobleme: Ziehen mehrere Menschen an einem Seil, muss jeder seine optimale Position erst einmal finden, damit die Kräfte wirklich miteinander und nicht gegeneinander wirken. Das gilt wohl heute, über 130 Jahre später, keinen Deut weniger für Teams, die gemeinsam eine Powerpoint-Präsentation erstellen oder einen Kundentermin vorbereiten sollen: Der Grat zwischen miteinander arbeiten und gegeneinander arbeiten ist schmal. Und da reden wir noch nicht einmal davon, dass jemand ganz bewusst sabotiert.

Als zweite Ursache vermutete Ringelmann, dass die Männer auch weniger motiviert sind, wenn sie im Team arbeiten. Mit seinem Versuch konnte er diese Frage nicht weiter aufklären. Da er Ingenieur war, interessierte ihn auch gar nicht, *warum* die Dinge so waren, wie sie waren. Für seine tägliche Arbeit genügte ihm das Ergebnis.

Fast 100 Jahre später erfanden Psychologen eine einfallsreiche Variante des Versuchs, um zu klären, ob Menschen im Team nur schlechter koordiniert sind oder auch weniger Lust haben: Sie verbanden den Teilnehmern einfach die Augen und *sagten* ihnen nur, sie würden einmal in einer Gruppe ziehen, einmal alleine. In Wirklichkeit zogen sie beide Male alleine. Koordinierungsprobleme waren damit ausgeschaltet. Und siehe da: Trotzdem fiel die Leistung der Probanden ab, wenn sie nur *glaubten*, es ginge um Teamwork. Damit war der Beweis erbracht: Teamwork senkt tatsächlich die Motivation.

Heute spricht man in der Psychologie ganz unverhohlen vom »sozialen Faulenzen«. Es ist inzwischen in vielen weiteren Versuchen bestätigt worden, auch bei geistigen Tätigkeiten, zum Beispiel bei einer Rechenaufgabe. Kürzlich fand man heraus, dass Menschen sich sogar schlechter auf eine Aufgabe *vorbereiten*, die sie im Team lösen sollen – selbst wenn sie bei der Vorbereitung noch alleine sind. (Ach, das kommt Ihnen bekannt vor aus dem Kollegenkreis?)

Erklären lässt sich das mit unserem Bedürfnis nach Kontrolle und Anerkennung: Fließt meine Arbeit in ein Gruppenergebnis ein, dann kann ich dieses Ergebnis weniger kontrollieren, als wenn ich allein arbeite. Und ich muss mir die Anerkennung mit anderen teilen. Weil das niemand mag, sind wir in solchen Situationen von vornherein weniger motiviert.

Mindern können wir das »soziale Faulenzen« folglich, indem wir den Anteil des Einzelnen wieder stärker aus dem Teamergebnis herauslösen und auch einzeln betrachten. Denn misst man die Leistungen der Teammitglieder einzeln, tritt der Ringelmann-Effekt interessanterweise nicht auf.

Aber gerade das ist heute in vielen Unternehmen verpönt. Wenn Sie Vorgesetzte sind, dann trauen Sie sich doch ruhig einmal, vom Team-Fetischismus etwas abzurücken. Probieren Sie wenigstens einmal aus, was sich verändert, wenn Sie Aufgaben wieder öfter einzeln zuteilen und beurteilen. Wollen Sie hingegen ein ungeliebtes Projekt beerdigen, dann brauchen Sie nur eine große »Task Force« ins Leben zu rufen, welche die Sache »gründlich aufarbeiten« soll. Und wenn Sie im Team eines Teamfetischisten arbeiten müssen, dann haben Sie zwei Möglichkeiten: Sie ruhen sich schön aus – aber Nichtstun kann ja auch ganz schön anstrengend sein, denn man weiß nie, wann man fertig ist. Deshalb können Sie stattdessen auch zusehen, dass Sie eine Aufgabe übernehmen, deren Erledigung einzeln messbar ist.

Auch im Privatleben hilft es, den Ringelmann-Effekt zu kennen: Brauchen Sie zum Beispiel einen Handwerker, sollten Sie darauf bestehen, dass auch wirklich nur *ei-*

ner kommt. Oft erscheinen zwei, und wir denken uns: Ist ja für die Rechnung egal, ob einer eine Stunde braucht oder zwei jeweils eine halbe Stunde. Aber diese Rechnung haben Sie ohne den Ringelmann gemacht.

Wenn Sie mit Ihrem Partner, Ihrer Mitbewohnerin oder Familie den Haushalt »gemeinsam« erledigen wollen, wird das nie so gut funktionieren, wie wenn jeder eine klare Aufgabe übernimmt und für diese Aufgabe ganz allein verantwortlich ist. Und wer schon mal in einer Gruppe mit Freunden »zusammen« eine Reise planen wollte, der weiß sowieso am besten, wovon wir in diesem Kapitel sprechen.

In manchen Situationen kann sich die entspannende Wirkung des Teams allerdings auch positiv auswirken: Dort, wo uns zu viel Anspannung im Weg steht, also bei besonders schwierigen Aufgaben. Hier werden die Ergebnisse im Team besser statt schlechter. Allerdings sind das die Ausnahmefälle: Im Alltag geht es eben doch viel öfter um die Powerpoint-Präsentation oder die Waschmaschinenreparatur als um den Flug zum Mond.

Wo zeigt sich soziales Faulenzen in meinem Leben konkret?

Ringelmann, M. (1913): *Recherches sur les moteurs animés. Travail de l'homme.* In *Annales de l'Institut National Agronomique*, Reihe 2, Band XII, 1–40.

Kravitz, D. A., Martin, B. (1986): *Ringelmann Rediscovered: The Original Article*. Journal of Personality and Social Psychology, 50, 936–941.

Ingham, A. G., Levinger, G., Graves, J., Peckham, V. (1974): *The Ringelmann Effect: Studies of Group Size and Group Performance*. Journal of Experimental Social Psychology, 10, 371–384.

Oelsnitz, D. von der, Busch, M. W. (2006): *Social Loafing. Leistungsminderung in Teams*. Personalführung, 9, 64–75.

Ohlert, J. (2009): *Teamleistung. Social Loafing in der Vorbereitung auf eine Gruppenaufgabe*. Hamburg: Verlag Dr. Kovac.

Jackson, J. M., Williams, K. D. (1985): *Social Loafing on Difficult Tasks*. Journal of Personality and Social Psychology, 49, 937–942.

LERNEN SIE VON KAKERLAKEN, WIE SIE SICH DAS LEBEN LEICHTER MACHEN KÖNNEN

Der »Effekt der sozialen
Erleichterung« hilft Ihnen,
Aufgaben zu lösen

Sie haben sich ein neues Bücherregal gekauft. Und
sitzen nun mit den Einzelteilen und der Bauanleitung zu
Hause. Wie bauen Sie das Regal am besten, leichtesten und schnellsten zusammen?

☐ Ich schicke eine SMS an mein gesamtes Adress-
buch und lade alle Freunde, Bekannten, Nachbarin-
nen und Kollegen für heute Abend zu mir ein, um
mir bei der Montage zuzuschauen. Da haben wir
alle etwas davon.

☐ Ich schotte mich völlig von der Außenwelt ab. Dann
kann ich mich am besten konzentrieren.

In einem berühmten Experiment lässt man possierliche
Kakerlaken vor einem hellen Licht davon rennen. Und
misst, wie schnell sie laufen.

Dann wiederholt man das Ganze mit Zuschauern – mit Kakerlaken-Zuschauern. Zwar kommt die gewöhnliche Kakerlake nicht unbedingt von sich aus in ein Rennstadion, kauft sich ein leckeres verfaultes Salatblatt und eine Tüte saure Milch »light« und setzt sich auf eine Tribüne, um ihren Artgenossen beim Sprinten zuzuschauen. Man greift aber zu einem Trick und baut entlang der Rennstrecke kleine Logen aus durchsichtigem Plastik, in die man die Zuschauerkakerlaken setzt. Man zwingt sie gewissermaßen zu ihrem Zuschauerglück.

Der Aufwand lohnt sich: Man kann damit nachweisen, dass die Kakerlaken vor Zuschauern schneller laufen als ohne Zuschauer. Wir nennen das den »Effekt der sozialen Erleichterung«.

Nun gehört es für Kakerlaken ohnehin zu den leichtesten Übungen, vor Licht davon zu laufen – sie hassen Licht. Deshalb wiederholt man den Versuch mit einer schwierigeren Aufgabe: Die Tiere sollen ihren Weg durch ein Labyrinth finden. Und siehe da: Plötzlich ist der Effekt genau umgekehrt! Bei einer schwierigen Aufgabe sinkt die Leistung, wenn jemand zuschaut.

Jedenfalls bei Kakerlaken.

Aber diese Geschichte hätten wir Ihnen nicht erzählt, wenn sie nichts mit unserem Regalaufbauproblem von oben zu tun hätte. Der Effekt der sozialen Erleichterung ist inzwischen an allen möglichen Lebewesen nachgewiesen – nicht zuletzt auch bei uns Menschen.

In einer gut durchdachten Versuchsanordnung lässt sich jeder Aspekt überprüfen: Man sagt Probanden, sie müssten sich für ein Experiment eine bestimmte Laborkleidung anziehen – in Wahrheit ist aber bereits das Umziehen selbst das Experiment. Es besteht aus folgenden Schritten: Eigene Schuhe ausziehen, Laborsocken überziehen, Labborschuhe anziehen, Labormantel anziehen. Dann sagt man den Probanden, das Experiment finde leider doch nicht statt – sie könnten sich wieder umziehen: Also raus aus den fremden Schuhen und Socken und dem Labormantel und wieder rein in die eigenen Schuhe.

All das passiert unter verschiedenen Bedingungen: Einmal sind die Probanden dabei alleine, einmal sitzt der Versuchsleiter daneben und schaut ihnen demonstrativ zu. Und einmal befindet sich »zufällig« jemand im Raum, der aber damit beschäftigt ist, einen Apparat aufzubauen.

Die Ergebnisse sind wirklich faszinierend: Um die eigenen Schuhe aus- und wieder anzuziehen, braucht der Proband im Mittel gut 16 Sekunden. Das sind die gewohnten leichten Handgriffe, die jeder täglich selbst ausführt. Die ungewohnte Laborkleidung an- und wieder auszuziehen hingegen ist schwieriger – hierfür brauchen die Probanden gut 28 Sekunden.

Schaut nun jemand demonstrativ zu, dann brauchen die Probanden für die »leichten« Aufgaben plötzlich nur noch 11 Sekunden – das ist 30 Prozent schneller als ohne Zuschauer. Und selbst wenn nur »zufällig« jemand im Raum ist, der gar nicht aufmerksam hinschaut, sind sie immer noch fast 20 Prozent schneller als alleine.

Bei den »schweren« Aufgaben ist es umgekehrt: Hier brauchen die Probanden plötzlich 18 Prozent länger (33 statt 28 Sekunden), wenn jemand aufmerksam zuschaut. Und kaum weniger lang (32 statt 28 Sekunden), wenn jemand nur »zufällig« im Raum ist.

Der Effekt tritt sogar auf, wenn man Probanden nur *sagt*, sie würden beobachtet.

Die plausible Erklärung lautet: Es erregt uns grundsätzlich emotional, wenn Artgenossen anwesend sind, egal, ob wir eine Kakerlake sind oder ein Mensch. Diese Erregung bringt uns so richtig in Trab, wenn wir etwas tun sollen, was uns geläufig ist. Wollen wir uns allerdings auf eine ausgefallene und schwierige Aufgabe konzentrieren, dann stört uns diese Erregung dabei.

Dieser Effekt wirkt also genau anders herum als das soziale Faulenzen aus dem letzten Kapitel. Dort hatten wir ja festgestellt: Menschen erledigen einfache Aufgaben alleine besser als im Team; bei schweren ist es umgekehrt. Beachten Sie den Unterschied: Beim sozialen Faulenzen ging es darum, mit anderen gemeinsam zu *arbeiten*. Bei der sozialen Erleichterung geht es nur darum, ob andere *anwesend* sind.

Damit haben Sie nun die Antwort auf die Frage von oben: Wenn Sie es generell leicht finden, ein Regal aufzubauen, dann werden Sie das Regal besser und schneller aufbauen, wenn Sie dabei möglichst viele Menschen um sich herum haben. Ist es für Sie hingegen eine recht komplexe Angelegenheit, so ein Regal zusammenzubauen, dann machen Sie es besser alleine. Oder lassen es machen.

Diese Erkenntnisse helfen uns auch in anderen Situationen: Auf der Arbeit mag ein Großraumbüro zum Beispiel dazu beitragen, Routineaufgaben besser und schneller zu erledigen. Es sollte allerdings immer auch möglich sein, dass sich diejenigen zurückziehen können, die gerade etwas Komplexeres tun.

Auch privat können wir den Effekt nutzen: Laden Sie sich Freunde als Zuschauer ein, wenn Sie Hausputz machen. Hartgesottene statten ihre Wohnung gleich mit Webcams aus und übertragen ihr Leben im Internet – das macht alles leichter und bringt noch Geld ein.

Leisten Sie Ihrem Kind Gesellschaft, wenn es Hausaufgaben macht. Oder einem Handwerker, wenn er handwerkt. Wie das Umzieh-Experiment zeigt, brauchen Sie sich nicht aktiv in die Zuschauerloge zu setzen – es reicht, wenn Sie einfach nur im Raum sind und etwas ganz Anderes tun.

Auch wenn Sie zu Hause am Computer arbeiten, können Sie sich soziale Erleichterung schaffen: Dieses Kapitel zum Beispiel entsteht gerade in einem Café. Die Leute drum herum waren so erregend, dass alles viel schneller ging. Und wir die Mittagspause heute etwas früher einläuten können.

Upps – jetzt haben wir Ihnen verraten, dass es gar nicht so schwer war, dieses Kapitel zu schreiben …

Wo zeigt sich soziale Erleichterung in meinem Leben konkret?

Zajonc, R. B., Heingartner, A., Herman, E. M. (1969): *Social Enhancement and Impairment of Performance in the Cockroach*. Journal of Personality and Social Psychology, 13, 83–92.

Hazel, M. (1978): *The Effect of Mere Presence on Social Facilitation: An Unobtrusive Test*. Journal of Experimental Social Psychology, 14, 389–397.

Thompson, L. F. T., Sebastienelli, J. D. S., Murray, N. P. M. (2009): *Monitoring Online Training Behaviors: Awareness of Electronic Surveillance Hinders E-Learners*. Journal of Applied Social Psychology, 39, 2191–2212.

GUT, DASS WIR DRÜBER GESPROCHEN HABEN?

Mit der »Gruppenpolarisierung« bringen Sie Ihre Mitmenschen auf Trab – oder zum Schweigen

Sie haben eine tolle Geschäftsidee und wollen eine Schlussmach-Agentur gründen: Wer immer sich von seinem Partner, seiner Chefin oder seinem Handyanbieter trennen will, kann Sie beauftragen. Und Sie regeln das dann gegen Gebühr.

Allerdings brauchen Sie dafür erst einmal Geld, denn Sie wollen Werbung machen und einige »Schlussmacher« beschäftigen. Also fragen Sie Ihre zehn reichsten Freunde, ob sie sich an Ihrer Idee finanziell beteiligen – und dann als Teilhaber mitverdienen, wenn der Laden läuft. Läuft der Laden nicht, ist das Geld weg. Ihre Freunde sind schon bereit, Ihnen ein bisschen Risikokapital zu geben. Sie wollen jeweils bis zu 1.000 Euro in Ihre Idee investieren. Insgesamt kommen Sie auf 9.000 Euro.

Sie brauchen aber 20.000 Euro.

Was tun Sie nun, damit Ihre Freunde mehr Geld springen lassen?

☐ Ich suche nochmal das ausführliche Einzelgespräch mit jedem, um ihm persönlich die Chancen meiner Idee vor Augen zu führen.

☐ Ich lade alle an einem Abend zu mir nach Hause ein, um gemeinsam über die Frage zu diskutieren.

Einige Monate später, die Gründung hat geklappt. Nun kommt ein etwas heikler Auftrag: Ein Pizzarestaurant hat Sie beauftragt, in seinem Namen mit Besuchen der italienischen Mafia Schluss zu machen. Sie fürchten um Ihr teures Kaffeeporzellan im Büro und wollen den Auftrag auf keinen Fall ausführen.

Ihre Teilhaber sind auch eher zurückhaltend. Allerdings sind Sie sich nicht ganz sicher, ob die nicht doch noch umkippen könnten.

Was tun Sie nun, damit Ihre Teilhaber auf jeden Fall die Finger von dem Auftrag lassen?

☐ Ich suche nochmal das ausführliche Einzelgespräch mit jedem, um ihm persönlich die Risiken des Auftrags vor Augen zu führen.

☐ Ich lade alle an einem Abend zu mir nach Hause ein, um gemeinsam über die Frage zu diskutieren.

Wollen Sie Ihre Freunde dazu bewegen, mehr Geld in Ihr Unternehmen zu investieren, dann sparen Sie mit der zweiten Alternative nicht nur Zeit – sondern Sie bekommen wahrscheinlich auch mehr Geld zusammen. Das legen zumindest Experimente zum sogenannten »Risikoschub-Effekt« nahe.

In diesen Versuchen stellt man die Probanden vor unterschiedliche »Dilemma-Fragen«. Immer ist dort jemand in einer schwierigen Situation und muss sich entscheiden. Solche Szenarien lauten zum Beispiel:

– Eine Frau Ende 30 hat eine sichere Stelle bei einer Bank. Ihre Leidenschaft aber ist das Fotografieren, und sie ist darin auch sehr talentiert. Sie bekommt das Angebot, Ihr Hobby zum Beruf zu machen und für ein Magazin freiberuflich als Fotografin zu arbeiten. Dafür müsste sie ihre sichere Festanstellung aufgeben.

– Ein Mann Mitte 50 leidet unter starken Rückenschmerzen, die seine Lebensqualität sehr einschränken. Er kann für den Rest seines Lebens eine Schmerztherapie machen oder aber sich einmal operieren lassen. Wenn alles gut geht, ist er danach schmerzfrei – läuft etwas schief, ist er im schlimmsten Fall querschnittgelähmt.

Die Probanden sollen nun angeben, wie hoch von 0 bis 100 Prozent die Erfolgschance sein muss, damit sie der armen Dilemma-Person den riskanteren Weg empfehlen. Zunächst beantworten die Probanden diese Frage jeweils alleine. Dann lässt man sie die Frage in einer Gruppe diskutieren und am Ende eine gemeinsame Entscheidung treffen.

Die Ergebnisse sind eindeutig: In der Gruppe sind die Probanden plötzlich bereit, ein wesentlich höheres Risiko einzugehen als alleine.

Nun könnte es ja sein, dass wir generell unsere Meinung in die riskante Richtung ändern, wenn wir später noch einmal darüber nachdenken. Deshalb lässt man manche Probanden nicht in der Gruppe diskutieren, sondern fragt sie ein wenig später einfach noch einmal einzeln nach ihrer Entscheidung. Bei diesen Probanden ändert sich aber nichts.

Als Erster hat dieses Experiment ein Psychologiestudent namens James Stoner durchgeführt – für seine Master-Arbeit, die bis heute nicht einmal veröffentlicht, aber trotzdem sehr berühmt ist. Natürlich blieb es nicht dabei: Der Effekt ist inzwischen hundertfach in anderen Versuchen bestätigt worden. James Stoner hatte also Recht und hätte seine Arbeit ruhig schon damals veröffentlichen können.

Allerdings stellte sich später auch heraus: Menschen werden in der Gruppe nicht immer nur risikobereiter. In der Gruppe verstärkt sich grundsätzlich *jede* Einstellung. Wer also vorher ein bisschen risikobereit war, der wird noch risikofreudiger in der Gruppe. Wer hingegen vorher ein bisschen vorsichtig war – der wird in der Gruppe noch zurückhaltender. Deshalb nennt man den Effekt heute ganz allgemein »Gruppenpolarisierung«.

Im zweiten Fall des Beispiels oben können Sie also Ärger mit der Mafia ebenfalls dadurch vermeiden, dass Sie die Teilhaber in einer Gruppe zusammenrufen und eine gemeinsame Entscheidung treffen lassen. Die Vorsicht jedes Einzelnen wird sich in der Gruppe noch verstärken.

Offenbar entsteht in der Gruppe ein Wettbewerb darüber, wer am risikofreudigsten beziehungsweise am vorsichtigsten ist. Und wir befeuern uns dabei gegenseitig, indem einer dem anderen noch weitere Argumente für die Einstellung liefert, die in ihm sowieso schon schlummert.

Ein alltäglicher – leider negativer – Anwendungsfall ist zum Beispiel Mobbing bei der Arbeit. Haben mehrere Personen jeweils für sich nur eine leichte Abneigung gegen einen Kollegen, dann ist das eine Sache. In der Gruppe aber lästern sie sich plötzlich in ungeahnte Höhen. Auf einmal wird aus der leichten persönlichen Abneigung ein kollektiver Hass. So funktionieren auch sogenannte »Shitstorms« im Internet, bei denen sich plötzlich eine Welle von Beschimpfungen über jemanden ergießt.

Sie finden für Ihren eigenen Alltag hoffentlich erfreulichere Anwendungsfälle. Wo immer Sie eine Sache befeuern wollen, aber die betreffenden Einzelpersonen sich noch nicht ganz trauen: Bitten Sie zur Gruppendiskussion. Umgekehrt können Sie eine Entscheidung oder Veränderung verhindern, indem Sie grundsätzlich konservative Menschen, die allerdings etwas »wackelig« sind, in eine Gruppe stecken und dort ihrer konservativen Haltung wieder auf die Sprünge helfen. So macht es die Mafia selbst wahrscheinlich auch.

Wo zeigt sich die Gruppenpolarisierung in meinem Leben konkret?

Stoner, J. A. (1961): *A Comparison of Individual and Group Decision Involving Risk.* Unpublished Master's Thesis, Massachusetts Institute of Technology.

Myers, D. G., Lamm, H. (1975): *The Polarizing Effect of Group Discussion.* American Scientist, 63, 297–303.

Rodrigo, M. F., Ato, M. (2002): *Testing the Group Polarization Hypothesis by Using Logit Models.* European Journal of Social Psychology, 32, 3–18.

Yardi, S., Boyd, D. (2010): *Dynamic Debates: An Analysis of Group Polarization Over Time on Twitter.* Bulletin of Science, Technology and Society, 30, 316–327.

WARUM SIE ÖFTER MAL AUF DEN KONTOAUSZUG IHRER BEZIEHUNG SCHAUEN SOLLTEN

Mit dem »Investitionsmodell« können Sie vorhersagen, wie sich Ihre Beziehung entwickeln wird

Sie fragen sich, ob es mit Ihrem Partner noch einige Jahre mehr werden sollen – oder doch eher nur noch einige Tage.

Wie verschaffen Sie sich Klarheit?

☐ Ich mache eine Art Kontoauszug:

Einzahlungen

- -

Kaffee beim ersten Date:	2,90 Euro
Regelmäßig dreckige Socken wegräumen:	100,00 Euro
Manchmal Fußball schauen müssen:	50,00 Euro
Nächtliche Schnarchgeräusche:	70,00 Euro
Sich mit jemandem zeigen müssen, der einen megapeinlichen Parka trägt	6.000,00 Euro

- -

Gesamt	6.222,90 Euro

Auszahlungen

Kinoeinladung beim zweiten Date:	7,50 Euro
Blumen (1 x im Quartal):	40,00 Euro
Fußmassage vorm Fernseher:	80,00 Euro
Sonntagsmorgens Kaffee am Bett:	70,00 Euro
Seine Zunge an meinem Nacken:	6.500,00 Euro
Gesamt	6.717,50 Euro

☐ Anders

Auch wenn Sie nun empört »Anders« angekreuzt haben: Sie machen es trotzdem so wie auf dem Kontoauszug. Zumindest so ähnlich. Und zumindest nach dem sogenannten »Investitionsmodell«.

Das besagt nämlich: In einer Beziehung gleichen wir ständig ab, was wir investieren und was wir dafür herausbekommen – wir machen eine Kosten-Nutzen-Bilanz. Manche tun das ganz bewusst, im Kopf oder tatsächlich auf einem Blatt Papier. Manche reden sogar offen darüber. Solche Leute nennen wir »berechnend«.

Die anderen finden wir total sympathisch. Dabei gehen die genauso vor, nur unbewusst.

Das Investitionsmodell ist in Studien überprüfbar: Man lässt Menschen, die in einer Beziehung leben, regelmäßig Fragebögen ausfüllen. Diese Fragebögen messen aktuelle Kosten und Nutzen: Wie attraktiv finden die Probanden ihren jeweiligen Partner gerade?

Wie viel Zeit investieren sie in die Beziehung? Wie viel Freiheit kostet sie die Beziehung? Wie gut kommunizieren sie mit dem Partner? Wie erfüllend ist das Sexleben? Welche peinlichen Gewohnheiten hat der Partner? Und so weiter.

Daraus lässt sich tatsächlich recht zuverlässig vorhersagen, wie zufrieden die Probanden gerade mit ihrem Partner sind – ein Beleg dafür, dass zumindest im Hintergrund offenbar wirklich solch ein Rechenprogramm bei uns abläuft. Und das Ergebnis bestimmt, wie gut oder schlecht wir uns in einer Beziehung fühlen.

Dabei rechnen wir einerseits mit ganz handfesten materiellen Posten wie Mietvorteilen bei einer gemeinsamen Wohnung oder Fahrtkosten bei einer Fernbeziehung. Andererseits berücksichtigen wir auch immaterielle Kosten und Vorteile wie den Gutenachtkuss oder den Ärger darüber, dass die Partnerin sich nicht an Verabredungen hält.

In den Studien zeigt sich auch: Im Lauf der Zeit werden die Beteiligten gelassener bei der Kosten-Nutzen-Rechnung. Denkt man sich nach dem ersten Date noch »Beim nächsten Mal bist du aber dran mit Bezahlen«, geht man nach ein paar Jahren davon aus, dass sich das im Laufe der Zeit schon ausgleichen wird. Und trotzdem gibt es auch hier viele Fälle, in denen jemand dauerhaft den Eindruck hat, draufzuzahlen.

Unterm Strich ist es also eine einfache Rechenaufgabe, ob eine Beziehung uns gut tut oder nicht.

Warum gibt es nun Menschen, die sehr unzufrieden in ihrer Beziehung sind und diese Beziehung trotzdem aufrechterhalten? Nun, Zufriedenheit ist *eine* Sache – die Frage nach »gehen oder bleiben« eine andere. Hierfür spielen noch zwei weitere Dinge eine Rolle:

Zunächst klappern wir im Kopf die Alternativen ab: Wie fiele die Zufriedenheitsbilanz mit anderen Partnern aus? Und zwar mit anderen *verfügbaren* Partnern? Solche Fragen kennen Sie vielleicht: Wie wäre es gewesen, wenn ich damals mit Leonie zusammengeblieben wäre? Wie sähe mein Leben aus, wenn ich dem Werben meines Kollegen Reto nachgeben würde? Und natürlich auch: Wie viel besser oder schlechter wäre mein Leben als Single? Nur wenn wir eine bessere Alternative sehen, gibt es überhaupt einen Grund, etwas zu ändern.

Dann kommt allerdings noch ein letztes Kriterium ins Spiel: die Gesamtinvestition. Manche Menschen sind unzufrieden in Ihrer Beziehung *und* sehen eine bessere Alternative – und bleiben trotzdem bei ihrem Partner. Und zwar deshalb, weil sie in der Vergangenheit schon so viel in diese Beziehung investiert haben, dass sie das nicht alles »wegwerfen« wollen. Das können finanzielle Investitionen sein, zum Beispiel ein gemeinsames Haus. Das können aber auch andere Investitionen sein, zum Beispiel, dass man gemeinsam Kinder groß gezogen oder bereits schwere Zeiten durchgestanden hat. Oder dass man für den Partner seinen Job aufgegeben hat oder seinen Wohnort – oder irgendeinen anderen großen Teil seiner Freiheit.

Solches Verhalten kennen wir tatsächlich von der Geldanlage. Da sagen sich manche Menschen: »Mit dieser Aktie habe ich nun schon so viel verloren, jetzt kann ich sie auch nicht mehr verkaufen. Jetzt kann ich sie nur noch behalten und hoffen, dass sie wieder steigt.« Schlechtem Geld gutes hinterherwerfen nennen wir das. Auf die Beziehung bezogen könnte man sagen: Manche Menschen werfen schlechter Zeit noch gute hinterher. Denn wie bei den Aktien geht es auch hier manchmal nur noch immer weiter nach unten, und man kommt immer schwerer davon los.

Auch diese Faktoren kann man in Studien überprüfen und daraus tatsächlich den Grad der »inneren Verpflichtung« vorhersagen: wie wahrscheinlich ein Paar zusammen bleiben oder sich trennen wird.

Das Modell ist inzwischen für unterschiedliche Arten von Beziehungen überprüft worden: für heterosexuelle ebenso wie für homosexuelle, für lange und für kurze.

Falls Sie also etwas System in Ihre scheinbar undurchdringlichen Gefühle gegenüber Ihrem Partner bringen wollen, dann machen Sie sich die drei Punkte einfach mal bewusst:

1. Kosten-Nutzen-Vergleich in der aktuellen Beziehung
2. Kosten-Nutzen-Vergleich für *verfügbare* Alternativen
3. Bisherige Investitionen

Dabei brauchen Sie kein schlechtes Gewissen zu haben, weil Sie »berechnend« sind. Ihr Gehirn rechnet ohnehin, ob Sie das wollen oder nicht. Und besser ist es doch, zu verstehen, was da gerade passiert. Besonders den dritten Punkt sollten Sie dabei immer kritisch sehen – und stets prüfen, ob nicht der Zeitpunkt gekommen ist, an dem Sie der schlechten Zeit zu viel gute hinterher werfen.

Diese Probleme und Enttäuschungen ersparen Sie sich am ehesten, indem Sie die Belohnung für Ihre Investitionen so wenig wie möglichst auf die Zukunft verschieben – also darauf achten, dass Ihre Investitionen möglichst schon hier und jetzt Früchte tragen: Wenn Sie *jetzt* viel in Ihre Beziehung investieren, dann sollte sie Ihnen im Idealfall auch *jetzt* viele schöne Momente geben. Und nicht erst in 20 Jahren – vielleicht.

Wo zeigt sich das Investitionsmodell in meinem Leben konkret?

Rusbult, C. E. (1983): *A Longitudinal Test of the Investment Model: The Development (and Deterioration) of Satisfaction and Commitment in Heterosexual Involvements.* Journal of Personality and Social Psychology, 45, 101–117.

Agnew, C. R., Martz, J. M., Rusbult, C. E. (1998): *The Investment Model Scale: Measuring Commitment Level, Satisfaction Level, Quality of Alternatives, and Investment Size.* Journal of Personal Relationships , 5, 357–391.

Kurde, L. A. (1992): *Relationship Stability and Relationship Satisfaction in Cohabitating Gay and Lesbian Couples: A Prospective Longitudinal Test of the Contextual and Interdependence Models.* Journal of Social and Personal Relationships, 9, 125–142.

IST NICHTSTUN BESSER ALS TUN?

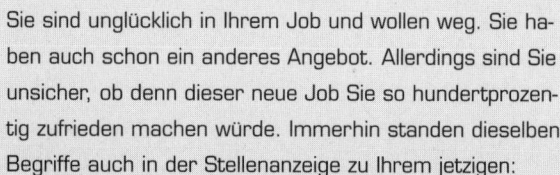

Mit dem »Unterlassungsirrtum«
leben Sie bequem, aber gefährlich

Sie sind unglücklich in Ihrem Job und wollen weg. Sie haben auch schon ein anderes Angebot. Allerdings sind Sie unsicher, ob denn dieser neue Job Sie so hundertprozentig zufrieden machen würde. Immerhin standen dieselben Begriffe auch in der Stellenanzeige zu Ihrem jetzigen:

– »Eine Position mit großem Gestaltungsspielraum«
  – das könnte *auch* wieder heißen, man darf innerhalb der Coprorate Identity selbst bestimmen, ob man den frechen Farbklecks auf seiner Bürotür lieber in kadettenblau oder oder in seegrün möchte.
– »Ein dynamisches Team« – das könnte *auch* wieder bedeuten, die Abteilung ist so unterbesetzt, dass alle nur hektisch auf dem Flur hin- und her rennen.
– »Hohe Eigenverantwortung« – das könnte *auch* wieder bedeuten, man muss selbst wissen, ob man seine Überstunden lieber am Freitag oder am Sonntag macht.

Vielleicht kommen Sie bloß vom Regen in die Traufe. Wie entscheiden Sie sich?

Rein logisch gesehen, ist die Sache eindeutig: Mit dem neuen Job geht es Ihnen *vielleicht* schlecht. Mit dem bisherigen geht es Ihnen *sicher* schlecht – das erleben Sie ja bereits. Also ist der Wechsel auf jeden Fall empfehlenswert, denn immerhin besteht damit eine Chance, dass auch alles besser werden kann.

Aber was ist schon Logik! Im wahren Leben sitzen die meisten Menschen diese Situation aus. Sie wechseln nicht. Deshalb sind ja alle so unzufrieden.

Woran liegt das?

Zum Teil sicher an unserer Trägheit, an der Macht der Gewohnheit. Unser Gehirn ist faul und beschäftigt sich nicht gern mit neuen Dingen. Am liebsten ist es ihm, wenn alles so bleibt, wie es ist – selbst wenn wir damit unglücklich sind.

Vieles spricht aber dafür, dass hier vor allem noch etwas anderes wirkt: der Unterschied zwischen aktivem Tun und Unterlassen. Gut erforscht ist dieser Unterschied zum Beispiel bei medizinischen Behandlungen. So sagt man etwa Probanden, sie sollten entscheiden, ob sie ihr Kind gegen eine gefährliche Krankheit impfen lassen wollen. Die Impfung kann Komplikationen hervorrufen – in 5 von 10.000 Fällen stirbt ein Kind durch solche Komplikationen. Von den Kindern, die nicht geimpft werden, sterben allerdings 10 von 10.000, weil sie die gefährliche Krankheit bekommen. Lässt man sein Kind nicht impfen, ist es also doppelt so wahrscheinlich, dass dieses Kind stirbt. Trotzdem lassen in der Studie viele der Befragten ihr Kind lieber nicht impfen.

Diesen Effekt konnte man auch an »echten« Eltern und für viele andere Fälle nachweisen. Er ist in der Psychologie bekannt als der »Unterlassungsirrtum« (»Omission Bias«): Wir finden es offenbar weniger schlimm, einen Schaden durch Unterlassen hervorzurufen als durch aktives Tun – selbst wenn der Schaden an sich größer ist.

Dabei spielen Moral und Psychologie zusammen. Denn *moralisch* betrachtet, gibt es tatsächlich viele Fälle, in denen uns ein Unterlassen harmloser erscheint als ein aktives Tun. Binde ich zum Beispiel meinen Nachbarn in seiner Wohnung am Bett fest und lasse ihn verhungern, dann halten wir das moralisch für verwerflicher, als wenn ich mich »nur« nicht um einen bettlägerigen Nachbarn kümmere und der deshalb verhungert.

So sieht es auch das deutsche Strafrecht: Nur im ersten Fall würde ich bestraft. Im zweiten nicht, denn das Strafrecht geht davon aus, dass ich persönlich grundsätzlich nicht dafür verantwortlich bin, dass mein Nachbar genug zu essen hat. Eine solche Verantwortung habe ich rechtlich nur unter ganz bestimmten Voraussetzungen: Wenn der Nachbar zum Beispiel nicht irgendjemand ist, sondern mein Vater. Oder wenn ein plötzlicher Unglücksfall eintritt, er zum Beispiel in seiner Wohnung gestürzt ist, ich das mitbekomme und ihm dann nicht helfe. Aber vor dem langsamen Verhungern brauche ich ihn nicht zu retten.

Doch das sind spezielle Fälle – auch moralisch gesehen ist es nicht immer besser, untätig zu bleiben. In den

Impffällen zum Beispiel würden wir es ja eher als unmoralisch betrachten, das Kind *nicht* zu impfen, weil wir dadurch die Wahrscheinlichkeit erhöhen, dass das Kind stirbt. Und beim Anfangsbeispiel geht es noch nicht einmal darum, jemand anderem einen Schaden zuzufügen. Da geht es allein um die Frage, was für mich selbst am besten ist.

Hier kommt nun der Denkfehler ins Spiel: Unser Gehirn »weiß«, dass in manchen Fällen ein Unterlassen moralisch besser ist als ein aktives Tun. Und weil unser Gehirn faul ist, verallgemeinert es diese Erkenntnis einfach auf alle Fälle. Wir fühlen uns grundsätzlich besser, wenn wir untätig blieben. Sogar uns selbst gegenüber empfinden wir weniger Verantwortung, wenn wir »nur« deshalb leiden, weil wir einfach nichts getan haben.

Fragen Sie sich also in einer bestimmten Situation »Soll ich das tun oder lassen?«, dann achten Sie darauf, dass

Sie nicht dem Unterlassungsirrtum auf den Leim gehen. Dass Sie sich also nicht nur nur deswegen dafür entscheiden, nichts zu tun, weil Sie sich damit irgendwie besser fühlen.

Am besten nehmen Sie in einem solchen Fall ein Blatt Papier und schreiben auf die eine Seite, was passiert, wenn sie aktiv tätig werden. Und auf die andere, was passiert, wenn Sie nichts tun. Drücken Sie ein Risiko ruhig in Prozentzahlen aus, wenn Sie es abschätzen können. Dann ist Ihre Entscheidung nur noch eine einfache Rechenaufgabe.

Wo zeigt sich der Unterlassungsirrtum in meinem Leben konkret?

Spranca, M., Minsk, E., Baron, J. (1991): *Omission and Commission in Judgment and Choice*. Journal of Experimental Social Psychology, 27, 76–105.

Hitov, I., Baron, J. (1990): *Reluctance to Vaccinate: Omission Bias and Ambiguity*. Journal of Behavioral Decision Making, 3, 263–277.

Asch, D. A., Baron, J., Hershey, J. C., Kunreuther, H., Meszaros, J. R., Ritov, I., Spranca, M. (1994): *Omission Bias and Pertussis Vaccination*. Medical Decision Making, 14, 118–124.

Strafgesetzbuch, § 13

SO TREFFEN SIE IM ZWEIFEL IMMER DIE RICHTIGE ENTSCHEIDUNG

»Kontrafaktisches Denken« kann Sie
unzufrieden machen – oder zufrieden

Eine alte Freundin ruft Sie an und sagt, sie wolle nächsten Monat spontan eine Rucksacktour durch Indien
machen. Ob Sie nicht mitkommen wollen?
Sie überlegen kurz: Da wäre durchaus noch etwas
Resturlaub – einerseits. Andererseits läuft gerade
nächsten Monat in Ihrer Abteilung ein wichtiges Projekt, und es könnte vielleicht unklug sein, ausgerechnet
da nicht Gesicht zu zeigen.
Privat sind Sie gerade wieder frisch Single geworden
und herrlich frei – einerseits. Andererseits haben Sie
da letzte Woche jemanden kennengelernt …
Geld haben Sie auch ein wenig auf die Seite gelegt – einerseits. Andererseits wollten Sie sich davon eigentlich
ein neues Sofa kaufen.

Angenommen, Sie sagen
a) »ja« oder
b) »nein« –

wie glücklich oder unglücklich werden Sie mit dieser
Entscheidung sein

1. in zwei Monaten und

2. in zehn Jahren?

Das hängt natürlich davon ab, wie toll die Reise war –
wenn Sie sie machen. War die Reise gut, blicken Sie
vielleicht auf die paar Scherben zuhause und sagen:
»Hat sich gelohnt. Dafür sitze ich gern noch einen Moment länger auf meinem mintgrün-bernsteinfarbenen
Sofa und melde mich nochmal neu bei der Flirtwebsite
an. Und beim Stellenmarkt gleich mit.«

War die Reise ein Reinfall, dann sehen Sie das alles
anders.

Weil Sie das vorher nicht wissen, werden Sie eher
dazu neigen, »nein« zu sagen – soweit unser Stand aus
dem letzten Kapitel. Da hatten wir ja gesehen: Der Unterlassungsirrtum sorgt dafür, dass wir etwas im Zweifel eher unterlassen. Wir finden es weniger schlimm,
vielleicht eine tolle Reise zu verpassen, indem wir einfach »nichts« tun – als uns dadurch zu schaden, *dass*
wir verreisen.

Die Frage ist nur: Wie *lange* fühlen wir uns damit
besser?

In Studien fragt man Menschen zu unterschiedlichen Zeitpunkten, wie sehr sie bereuen, etwas getan
oder nicht getan zu haben. Dabei taucht ein immer

ähnlicher Zeitplan auf: Kurz nachdem Menschen etwas Ungünstiges getan haben, bereuen sie, dass sie überhaupt etwas getan haben. Aber je mehr Zeit vergeht, desto mehr bereuen sie die Dinge, die sie *nicht* getan haben. Wie wir über die Vergangenheit denken, kehrt sich also um Lauf der Zeit genau um. Und wenn Sie nicht schon 114 Jahre alt sind und damit schon fast die Hälfte Ihres Lebens rum haben, dann ist der zweite Teil wesentlich länger als der erste.

Schuld daran ist das »kontrafaktische Denken«, wie wir in der Fachsprache unser »Was wäre wenn gewesen ...«-Denken nennen. Wir denken über unsere Vergangenheit nicht nur so nach, wie sie war – sondern malen uns auch ständig Alternativen dazu aus.

Kontrafaktisches Denken ist kein hypothetisches Denken. Hypothetisch ist nur eine Überlegung, die zumindest wahr sein *könnte*. Wenn Sie sich für die Zukunft vorstellen, wie Ihr Chef sich in der Montagsrunde plötzlich mit Luft aufbläst und platzt, kann das hypothetisch sein – es ist ja noch alles offen. Aber wenn Sie sich das für ein vergangenes Treffen vorstellen, ist es kontrafaktisch, denn an der Vergangenheit können wir nichts mehr ändern. Darum ist jede gedankliche »Variation« der Vergangenheit tatsächlich so hart, wie der Begriff »kontrafaktisches Denken« nahe legt: Ein Denken *gegen* die Realität.

Ein Gutes hat dieses Denken auf jeden Fall schon einmal: Wir können daraus lernen. Beim nächsten Mal sind wir besser vorbereitet.

Aber wir wollen ja nicht lernen, sondern glücklich sein! Die Szenarien in unserem Kopf können besser oder schlechter sein, als die Realität es war. Dementsprechend kann kontrafaktisches Denken dazu führen, dass wir uns gut fühlen oder schlecht: Ob wir uns freuen oder etwas bereuen, hängt ganz von uns selbst ab – davon, wie wir das kontrafaktische Denken einsetzen. Theoretisch.

Doch in der Realität (!) hat man festgestellt: Erstens fantasieren wir eher über unser eigenes Verhalten als darüber, dass auch andere Menschen sich anders hätten verhalten können. Zweitens malen wir uns lieber Situationen aus, in denen es für uns besser gelaufen wäre, als dass wir darüber nachdenken, dass es auch schlechter hätte laufen können.

Und drittens grübeln wir eher über die Option »Was, wenn ich XY getan hätte?« als über »Was, wenn ich XY *nicht* getan hätte?« nach. Das gibt ja auch viel mehr Denkstoff her: Was hätte alles passieren können, wenn Sie doch mit Ihrer Freundin nach Indien gereist wären! Vielleicht hätten Sie dort sogar einen neuen Job, einen neuen Partner *und* ein neues Sofa gefunden. Vielleicht hätten Sie festgestellt, dass Sie lieber auf dem Boden sitzen und gar keine Sofas mehr wollen. Über all die offenen »Vielleichts« können Sie tatsächlich bis an Ihr Lebensende nachgrübeln.

Unterm Strich bedeutet das: Auf längere Sicht beschäftigt sich Ihr Gehirn am liebsten mit dem, was Sie versäumt haben.

Zwingend ist das nicht – es ist nur eine Tendenz. Da Sie den Effekt nun kennen, können Sie öfter mal bewusst wahrnehmen, was da gerade in Ihrem Kopf genau passiert, wenn Sie über die Vergangenheit und ihre ungelegten Eier nachdenken. Sie können eingreifen und sich zum Beispiel angewöhnen, öfter mal darüber nachzudenken, was *schlechter* hätte laufen können. Und wo Sie genau richtig gehandelt haben.

Aber die wichtigste Einsicht aus diesem Kapitel lautet: Tun Sie es!

Reisen Sie nach Indien! Sagen Sie »ja«, wenn Ihr Kumpel unterwegs spontan vorschlägt, in einer Cocktailbar abzusacken. Sagen Sie »ja« zur neuen beruflichen Chance. Zur neuen Wohnung! Zum Spanischkurs.

»Ja« sagen macht das Leben nicht nur interessanter. Auf lange Sicht steigert auch jedes »ja« Ihr Glück.

Jahr für Jahr.

Wo zeigt sich kontrafaktisches Denken in meinem Leben konkret?

Gilovich, T., Medvec, H. (1994): *The Temporal Pattern to the Experience of Regret*. Journal of Personality and Social Psychology, 67, 357–365.

Roese, N. (1997): *Counterfactual Thinking*. Psychological Bulletin, 121, 133–148.

Roese, N. J., Hur, T., Pennington, G. L. (1999): *Counterfactual Thinking and Regulatory Focus: Implications for Action Versus Inaction and Sufficiency Versus Necessity*. Journal of Personality and Social Psychology, 77, 1109–1120.

Milesi, P., Catellani, P. (2011): *The Day After an Electoral Defeat: Counterfactuals and Collective Action*. British Journal of Social Psychology, 50, 690–706.

SO HELFEN SIE SICH, WENN SIE SICH HILFLOS FÜHLEN

Die »erlernte Hilflosigkeit« schränkt Ihr Leben erheblich ein – ist aber auch wieder verlernbar

Montagmorgen, Ihr Chef teilt Aufträge aus: »Stellen Sie mir doch mal bitte ein paar Infos über unsere Pläne in Asien für die Rede nächste Woche zusammen.«

Mittwochnachmittag, Ihr Chef blickt nachdenklich auf ein Papier, das Sie ihm gereicht haben: »Und damit haben Sie die letzten zwei Tage verbracht? Sind Sie wahnsinnig? Ich kann doch nicht über unsere Expansionspläne öffentlich aus dem Nähkästchen plaudern. Bei der Rede nächste Woche soll es um Mitarbeitermotivation gehen. Googlen Sie das doch bitte mal, dazu fällt mir nichts ein ...«

Mittwochabend, Ihr Chef ergänzt: »Ach ja, das hat übrigens Zeit bis Freitag. Es reicht, wenn ich das am Wochenende lesen kann.«

Donnerstagmorgen, 8.30 Uhr: »Denken Sie bitte noch an die Infos für meine Rede? Sie wissen, die ist nächste Woche und nicht erst in zwei Jahren!«

Donnerstagmorgen, 10 Uhr: Ihr Chef schenkt Ihnen eine Postkarte, auf der steht: »Lieber Gott, bitte mach, dass ich nicht immer gleich beleidigt bin.«

Montagabend, Ihr Chef hält die Rede: »Meine bezaubernde Mitarbeiterin hat mir hier ein paar ganz reizende Dinge zusammengestellt. Aber ich habe gerade entschieden: Heute wollen wir über was ganz Anderes reden ...«

Kommt Ihnen bekannt vor? Wie helfen Sie sich?

Nehmen wir für einen Moment an, Sie wären ein Hund – die Rasse können Sie sich aussuchen. Nehmen wir weiter an, Sie säßen in einem Käfig und bekämen Stromschläge (das fänden manche Menschen sehr reizvoll, also seien Sie nicht undankbar!). Neben Ihnen sehen Sie einen kleinen Hebel. Sie denken: »Vielleicht kann ich den Strom damit ausschalten.« Und drücken den Hebel herunter.

Einmal, zweimal.

Dreimal.

Aber nichts passiert. Der Stromstoß kommt und geht – völlig unabhängig davon, was Sie tun.

Irgendwann werden Sie in einen anderen Käfig gesteckt. Dort gehen die Stromschläge weiter. In der Wand sehen Sie eine kleine Klappe.

Was tun Sie?

Die echten Hunde in diesem echten Experiment tun gar nichts mehr. Sie bleiben sitzen und heulen. Dabei hätten sie im zweiten Käfig einfach nur durch die Klappe laufen müssen, ein paar Schritte zur Seite – und sie wären sicher gewesen. Denn der Käfig hatte zwei Teile, und in dem zweiten gab es gar keine Stromschläge. Aber die Hunde hatten am Anfang gelernt, dass sie den Stromschlägen durch nichts entgehen können – egal, was sie tun. Deshalb versuchen sie es später erst gar nicht mehr.

Sie haben »gelernt«, dass sie hilflos sind.

Dieses berühmte Experiment stammt von dem amerikanischen Psychologen Martin Seligman. Er hatte damals noch eine Vergleichsgruppe: Darin waren Hunde, bei denen der Hebel im ersten Käfig funktionierte. Wenn sie ihn drückten, hörte der Stromstoß tatsächlich auf. Das lernten die Hunde schnell. Und als sie in den zweiten Käfig kamen, suchten sie wieder nach Möglichkeiten, dem Stromstoß zu entgehen. Denn diese Gruppe von Hunden hatte ja erfahren: Ich kann etwas gegen diese lästigen Stromstöße tun. Und sie fanden schnell heraus, was: Sie gingen einfach durch die Klappe in den Käfig nebenan.

Martin Seligman nannte das Schicksal der ersten Gruppe eine »erlernte Hilflosigkeit«: Jemand hat einmal erfahren, dass er scheinbar machtlos gegen einen belastenden Zustand ist – und hört irgendwann auf, überhaupt noch zu versuchen, etwas dagegen zu tun. Selbst wenn er diesem Zustand eigentlich leicht entkommen könnte.

Nehmen wir nun wieder an, Sie sind der Mensch, der Sie sind. Kommt Ihnen die Situation mit den Hunden aus Ihrem eigenen Leben bekannt vor? Es passiert ja nicht selten, dass sich jemand sagt: »Egal, was ich mache, es ist doch immer alles falsch. Ich kann nichts ändern an meiner Situation.«

Erlernte Hilflosigkeit wurde später auch an Menschen nachgewiesen. Mit Babys zum Beispiel führte man ein ähnliches Experiment wie mit den Hunden durch. Nein, ohne Stromschläge. Aber man rüttelte sie heftig in ihrer Krippe durch, dass ihnen ganz anders wurde. Manche konnten das mit einer Kopfbewegung abstellen, über einen Sensor in ihrem Kopfkissen. Andere hatten keinen Sensor. Beide Gruppen reagierten jeweils genauso wie die Hunde. Und die eine Gruppe *ging* vor die Hunde. Auch jenseits des Babyalters zeigen wir ähnliche Reaktionen.

Nun gibt es Situationen wie die mit dem Chef im Beispiel von oben. Da sind wir der Willkür anderer ausgesetzt und möglicherweise tatsächlich hilflos. Das Problem in diesem Fall ist, dass wir auch dann keinen Ausweg mehr sehen, wenn es plötzlich doch einen gibt, wenn zum Beispiel der alte Chef geht und eine neue Chefin kommt. Auch dann denken wir weiterhin: »Was ich tue, zählt bei denen da oben eh nicht.«

Im Laufe der Zeit haben die Forscher aber festgestellt: Es hängt auch von uns selbst ab, wie leicht wir uns hilflos fühlen. Es hat etwas mit dem sogenannten »Attributionsstil« zu tun – damit, wie wir uns selbst erklären, was um und mit uns passiert.

Im Beispiel von oben denkt der eine eben: »Nie kann ich es jemandem recht machen. Ich mache immer alles falsch und werde wohl mit jedem Chef meine Probleme kriegen und auch viele andere Sachen nicht können.« Während sich ein anderer sagt: »Mein Chef ist ein Idiot. Er weiß nicht, was er will. Mit einem anderen Chef wird das ganz anders. Und vielleicht kann ich in Zukunft ja einfach auch noch mal genauer nachfragen, was er eigentlich will.«

Die erste Person pflegt eine sogenannte stabile, internale, globale Attribution: Sie denkt, der Grund für das Missgeschick liege in ihr selbst (internal), sei dauerhaft (stabil) und generell, wirke also auch mit anderen Menschen und in anderen Zusammenhängen (global). Die zweite Person hingegen attribuiert instabil und external: Sie glaubt, die Gründe lägen in den Umständen (external), seien lediglich vorübergehend und könnten beim nächsten Mal schon ganz anders sein (instabil). Ein und dasselbe Geschehen interpretieren unterschiedliche Menschen also ganz verschieden.

Gesünder ist die zweite Version. Wer stabil, internal und global attribuiert, der rutscht leichter in die erlernte Hilflosigkeit – und in die Depression. Denn die erlernte Hilflosigkeit gilt als ein häufiger Weg in die Depression. Und selbstverständlich auch in die Trägheit: Motiviert ist niemand, der sich hilflos fühlt.

Lernen für den Alltag können wir daraus auf beiden Seiten. Wenn wir andere motivieren wollen, zum Beispiel bei der Arbeit, in der Familie, in der Schule oder im Tennisclub: Dann sollten wir aufpassen, dass die anderen nicht den Eindruck bekommen »Was ich tue, zählt eh nicht.« Das erreichen wir, indem wir uns selbst eben nicht willkürlich und unberechenbar verhalten, heute dies und morgen jenes wollen und nichts und niemandem auch nur zuhören.

Auf der anderen Seite können wir der erlernten Hilflosigkeit natürlich auch selbst vorbeugen: Überprüfen Sie regelmäßig Ihren Attributionsstil. Machen Sie sich häufiger einmal bewusst, dass Missgeschicke auch an anderen liegen können, auch vorübergehend sein können – und dass Sie schon beim nächsten Mal vielleicht alles ganz anders hinbekommen. Und wenn jemand partout nicht klar sagen kann, was er eigentlich will: Dann fragen Sie solange nach, bis er es lernt.

Wo zeigt sich erlernte Hilflosigkeit in meinem Leben konkret?

Seligman, M. E. P., Maier, S. F. (1967): *Failure to Escape Traumatic Shock*. Journal of Experimental Psychology, 74, 1–9.

Seligman, M. E. P. (1979): *Erlernte Hilflosigkeit*. München, Wien, Baltimore: Urban und Schwarzenberg.

Hiroto, D. S., Seligman, M. E. P. (1975): *Generality of Learned Helplessness in Man*. Journal of Personality and Social Psychology, 31, 311–327.

Kitz, V., Tusch, M. (2009): *Ohne Chef ist auch keine Lösung. Wie Sie endlich mit ihm klarkommen*. Frankfurt/New York: Campus.

SOLL IHR KIND WIE SCHNEEWITTCHEN WERDEN ODER WIE DIE SIEBEN ZWERGE?

Das »Lernen am Modell« ist eine von drei Lernformen – und Sie können es ein bisschen beeinflussen

Ihre gesamte Verwandtschaft sitzt bei einer launigen Familienfeier am Tisch und speist. Mit dabei: Ihre dreijährige Tochter.

Ihr Schwiegervater rülpst laut, lange und lustvoll. Ihre Schwägerin nimmt kurz die Füße vom Tisch und klopft ihm anerkennend auf den Rücken: »Unser notgeiler Tattergreis, der kann sich immer noch hören lassen!«

Alle murmeln etwas Zustimmendes.

Was machen Sie?

☐ Ich denke: »Prima, dass kleine Kinder heute schon so früh ihren Wort- und Verhaltensschatz erweitern können. Ich habe meine ersten Schimpfwörter erst mit fünf gelernt.«

Werden Kinder wirklich zu Gewalttätern, wenn sie ge-
walthaltige Filme sehen oder Spiele spielen? Werden
wir alle zu fluchenden Tischrülpsern, wenn wir entsprechende Verwandte haben?

Nicht zwingend, aber der Weg dorthin kann tatsächlich erst einmal geebnet sein. Man geht heute davon
aus, dass Menschen vor allem auf drei Arten lernen:

Erstens durch die sogenannte »instrumentelle Kon-
ditionierung«: Man belohnt erwünschtes Verhalten
und bestraft unerwünschtes. So erziehen die meisten
Menschen ihre Hunde, Kinder, Mitarbeiterinnen und
Ehegatten. Oder ihre Herrchen, Eltern und Chefinnen.

Zweitens durch die sogenannte »klassische Konditi-
onierung«. Dabei verbinden wir im Kopf zwei Reize,
die eigentlich gar nichts miteinander zu tun haben.
Löste ursprünglich nur der eine Reiz bei uns einen bestimmten Reflex aus, so tut es nun auch der andere. Haben wir als Kind zum Beispiel einmal gemerkt, dass
kleine rosa Dinge süß schmecken, dann greifen wir in-
stinktiv zu allem, was klein und rosa ist, und wollen es
essen. Auch wenn es Opas Hörgerät ist. Oder wir haben

als Erwachsene gemerkt, dass der Kollege an regnerischen Morgen immer gereizt ist, dann gehen wir ihm bald automatisch aus dem Weg, wenn es draußen regnet – und nicht erst, wenn er uns zum ersten Mal anschreit.

Die dritte Form ist das sogenannte »Lernen am Modell«, auch »soziales Lernen« genannt. Dabei beobachten wir andere Menschen und imitieren sie. Die Versuche zum »Lernen am Modell« haben nicht nur ihren Experimentator Albert Bandura berühmt gemacht, sondern auch eine robuste Puppe namens »Bobo Doll«. Die gute Bobo Doll war 1,50 Meter groß, hatte einen Körper wie eine Birne, war aus weichem Kunststoff und wie ein Stehaufmännchen konstruiert. Man könnte auch sagen: eine Art Boxbirne mit aufgemaltem Gesicht.

Und das war kein Zufall: Ein erwachsener Lockvogel befand sich jeweils mit einem Kleinkind zwischen drei und sechs Jahren in einem Spielzimmer. Das Zimmer war voller attraktiver Spielsachen: Playstations, Smartphones, Tablet-PCs. Äh, nein – es waren ja die 1960er. Die attraktiven Spielsachen in dem Raum waren Kartoffeldruckstempel und Aufkleber. Damals *der* Hit: Die Kinder stürzten sich darauf. Der fiese Lockvogel schnappte sich Bobo Doll und fing an, sie zu beschimpfen und auf sie einzuschlagen – auch mit einem Hammer. Das ging etwa zehn Minuten lang so.

Dann führte man das Kind in einen anderen Raum und ließ es dort spielen. Nach zwei Minuten nahm man dem Kind aber sein Spielzeug schon wieder weg und führte es zurück in den Raum mit Bobo Doll. Damit wollte man das Kind frustrieren und schauen, wie es mit seinem Frust umgeht.

In einer Vergleichsgruppe ließ der erwachsene Lockvogel Bobo Doll in Ruhe und spielte ganz brav mit anderen Sachen.

Das Ergebnis: Wer vorher mit einem aggressiven Lockvogel im Raum gewesen war, der ließ nun seinen Frust viel eher an Bobo Doll aus als jemand, der mit einem braven Lockvogel im Raum gewesen war. Der Effekt war jeweils viel stärker, wenn Jungen einen männlichen aggressiven Lockvogel und Mädchen einen weiblichen aggressiven Lockvogel gesehen hatten. Und Jungen waren auch insgesamt aggressiver als Mädchen.

Später erweiterte Bandura sein Experiment um einen sehr interessanten Teil: Diesmal sahen die Kinder einen Film, in dem ein Erwachsener namens »Rocky« die arme Bobo Doll wieder beschimpfte und schlug.

Aber das Ende war jeweils unterschiedlich. Manche Kinder sahen ein »Happy End«, zumindest für Rocky: Jemand kam herein und beglückwünschte Rocky als »starken Champion« zu seiner »herausragenden Leistung« – und schenkte ihm ein großes Glas »Seven Up«, Popcorn, Schokoriegel und andere Süßigkeiten.

Andere Kinder sahen, wie Rocky bestraft wurde: Jemand kam herein und sagte: »Hey, hör auf, diese Puppe zu piesacken. Das werde ich nicht tolerieren.« Und er schlug Rocky mit einer Zeitschrift.

Danach brachte man die Kinder wieder in ein Spielzimmer, in dem neben viel anderem Spielzeug zufällig auch eine Bobo Doll lag. Wer gesehen hatte, dass Rocky für sein aggressives Verhalten belohnt worden war, der verhielt sich nun selbst wesentlich aggressiver gegenüber Bobo Doll als jemand, der gesehen hatte, dass Rocky bestraft worden war.

Nach einiger Zeit kam der Experimentator in den Raum – mit einem bunten Fruchtsaftbrunnen (1960er!) und vielen schönen Aufklebern (1960er! Müssen damals so etwas wie Apps heute gewesen sein). Er sagte: »Zeig mir, was Rocky gemacht hat!« und »Sag mir, was Rocky gesagt hat!«. Machten die Kinder das, bekamen sie leckeren Fruchtsaft und schöne Aufkleber.

Nun geschah das Erstaunliche: Plötzlich gab es praktisch keinen Unterschied mehr zwischen den Gruppen, die unterschiedliche Filme gesehen hatten! Wenn sie selbst dafür belohnt wurden, ahmten praktisch alle Rocky nach.

Das bedeutet: Ganz offensichtlich hatten *alle* das aggressive Verhalten von Rocky »gelernt« – sonst hätten sie es auch für den bunten Fruchtsaft nicht nachahmen können. Ob Rocky belohnt oder bestraft wurde, hatte also nur einen Einfluss darauf, ob sie das erlernte Verhalten unterdrückten oder imitierten.

Wir können also Folgendes am Modell lernen: Wir alle lernen am Modell. Ganz besonders Kinder. Sie können grundsätzlich alles lernen, was sie bei anderen sehen. Wenn sie merken, dass ihr Vorbild für sein Tun belohnt wird, dann ahmen sie es auch noch gern nach. Im Beispiel oben sollten Sie also dafür sorgen, dass Ihr Schwiegervater für seine Tischmanieren nicht auch noch Beifall erntet.

Andererseits ahmen Kinder ein Verhalten auch dann nach, wenn sie *selbst* dafür belohnt werden. Selbst wenn Sie also am Tisch eingreifen, bräuchte eine Freundin Ihrer Tochter trotzdem nur zu sagen: »Ich geb dir Fruchtsaft, wenn du mal am Tisch vor vielen Leuten rülpst.« Und schon würde Ihre Tochter das tun.

Wenn Sie das alles verhindern wollen, müssen Sie sicherstellen, dass Ihr Kind von Vornherein gar keine Situationen mitbekommt, die es nicht erlernen soll. Aber eine solche Welt werden Sie Ihrem Kind nicht erschaffen können. Manchmal müssen wir eben damit leben, dass unsere Kinder auch Dinge lernen, die *wir* ihnen nicht beigebracht hätten. Und vielleicht können ja dann *wir* von unseren *Kindern* etwas Neues lernen: Denn auch Erwachsene lernen hin und wieder am Modell.

Wo zeigt sich Lernen am Modell in meinem Leben konkret?

Bandura, A., Ross, D., Ross, S. A. (1961): *Transmission of Aggression Through the Imitation of Aggressive Models*. Journal of Abnormal and Social Psychology, 63, 575–582.

Bandura, A. (1965): *Influence of Models´ Reinforcement Contingencies on the Acquisition of Imitative Responses*. Journal of Personality and Social Psychology, 1, 589–595.

Bandura, A. (1976): *Lernen am Modell*. Stuttgart: Klett.

Thorndike, E. L. (1901): *Animal Intelligence: An Experimental Study of the Associative Processes in Animals*. Psychological Review Monograph Supplement, 2, 1–109.

Pavlov, I. P. (1927): *Conditioned Reflexes: An Investigation of the Physiological Activity of the Cerebral Cortex*. London: Oxford University Press.

WARUM SIE AUCH HEUTE NOCH AN DEN WEIHNACHTSMANN GLAUBEN (SOLLTEN)

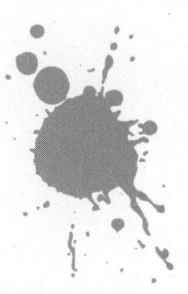

Mit der »einstellungskonträren Argumentation« können Sie andere beeinflussen – aber auch selbst leicht beeinflusst werden

Ein Arbeitskollege hat Sie gebeten, für seine zwei kleinen Kinder am 6. Dezember den Nikolaus zu spielen: Sie sollen sich einen Bart ankleben, eine Nikolausmütze aufsetzen, einen Sack umhängen und abends bei Ihrem Arbeitskollegen an die Haustür poltern. Mit tiefer Stimme sollen Sie dann den Kindern aus einem goldenen Buch vorlesen. Unter anderem steht im Text:
»Der Nikolaus freut sich ganz besonders, dass ihr schon so fleißig zweimal die Woche zum Chinesisch-Unterricht geht, liebe Kinder. So werdet ihr später mal eine gute Arbeit finden, denn Chinesisch ist die Sprache der Zukunft. Es lohnt sich, dafür ein bisschen weniger mit den Freunden zu spielen.«

Sie finden das ist Quatsch, denn Sie glauben, Eltern sollten ihre Kinder lieber mit Freunden spielen lassen. Andererseits wollen Sie Ihrem Arbeitskollegen nicht in seine Erziehung hineinreden und ihm auch den Gefallen tun.

Um wie viel Prozent steigt die Wahrscheinlichkeit, dass Sie nach Ihrem Nikolaus-Engagement Ihr eigenes Kind plötzlich auch zum Chinesisch-Unterricht schicken?

Ändert sich etwas an Ihrer Einschätzung, wenn ...
– ... Ihr Kollege Ihnen für Ihren Dienst 200 Euro zahlt?
– ... er Sie mit Waffengewalt dazu zwingt?

»Natürlich steigt diese Wahrscheinlichkeit gar nicht«, werden Sie nun großzügig lächelnd sagen. »Es sind doch genügend Meinungen für alle da – ich ändere meine ja nicht, bloß weil ich mal eine fremde nachplappere.«

Schauen wir, was die Wissenschaft dazu sagt. In einem Versuch lässt man Probanden zwei Aufgaben lösen: Zuerst sollen sie Spulen auf ein Tablett legen – eine halbe Stunde lang. Dann sollen sie Holzklötzchen um eine Vierteldrehung nach rechts drehen – eine weitere halbe Stunde lang. Sehr, sehr langweilige Aufgaben also, welche die Probanden auch sehr, sehr langweilig finden.

Hinterher sagt man einem Teil der Probanden, man wolle nun testen: Wie lösen Menschen diese Aufgaben, denen man vorher sagt, es handle sich um hochinteressante Dinge? Allerdings sei der Student, der den anderen das normalerweise mitteilen sollte, heute ausgefallen. Daher bittet man die ersten Probanden um »Hilfe«: Wenn sie das Labor verlassen, sollen sie doch bitte den anderen im Wartezimmer die Dinge sagen, die auf einem Blatt vorformuliert sind: »Es war sehr angenehm, hat mir großen Spaß gemacht, war interessant, faszinierend und aufregend.« Für Ihre »Hilfe« bekommen sie einen Dollar.

In Wirklichkeit sind die ersten Probanden die wahren und einzigen Probanden bei diesem Experiment: Man will testen, ob sie selbst anders über die Aufgabe denken, nachdem sie dem Versuchsleiter »geholfen« und den anderen etwas vorgespielt haben. Ganz am Ende notieren sie dazu in einem Fragebogen, wie interessant, angenehm und sinnvoll sie die Aufgabe nun rückblickend selbst fanden.

Das Ergebnis: Wer den anderen die positiven Floskeln aufgesagt hat, der findet die Aufgaben am Ende tatsächlich wesentlich interessanter – obwohl er nur fremde Worte von einem Blatt Papier abgelesen hat.

»Einstellungskonträre Argumentation« nennen wir das in der Fachsprache: vor anderen das Gegenteil zur eigenen Einstellung zu äußern. Wer das tut, der ändert hinterher auch selbst seine Meinung. Noch stärker wirkt der Effekt, wenn jemand die Gegenposition nicht nur vorträgt, sondern sogar aufschreibt.

Erklären lässt sich das natürlich wieder mit unserem harmoniesüchtigen Gehirn: Das strebt ja immer danach, dass unser Denken und Handeln im schönen Einklang zueinander stehen. Sonst erlebt es eine sogenannte »kognitive Dissonanz« und muss an einer der beiden Stellen – Denken oder Handeln – etwas ändern. Hören wir uns nun selber vor anderen etwas aussprechen, das unserer eigenen Überzeugung widerspricht, dann quält das unser Gehirn schon derart, dass es schnell seine Überzeugung anpasst – so dass wieder Harmonie besteht zwischen dem, was wir (uns) sagen (hören) und dem, was wir denken.

Es sei denn, das Gehirn kann sich den Vorgang anderweitig schönreden. Zum Beispiel, wenn uns jemand eine Pistole an den Kopf hält und uns dazu zwingt. Dann ist die »externe Rechtfertigung« für dieses Verhalten so groß, dass unser Gehirn sagt: »Es ist nicht so, wie es aussieht. Ich kann das alles erklären …«

Eine solche externe Rechtfertigung kann auch Geld sein. Der eine Dollar, den die Probanden in dem Experiment bekommen, reicht dafür nicht. Aber gibt man einer Vergleichsgruppe jeweils 20 Dollar, dann tritt der Effekt nicht mehr auf. Diese Leute können sich sagen: »Ich habe das nur für Geld gemacht.«

Je freiwilliger jemand die Gegenmeinung vor anderen äußert, desto eher wird das seine eigene Meinung verändern. Möchten Sie also im Beispiel von oben Ihrem Arbeitskollegen den Gefallen mit dem Nikolaus tun, aber trotzdem sicher gehen, dass Sie Ihr eigenes

Kind hinterher nicht gleich zum Kindergarten-Austausch nach Peking schicken – dann lassen Sie sich am besten während Ihrer Vorstellung eine Pistole in den Rücken halten. Oder viel Geld bezahlen.

Die Technik der einstellungskonträren Argumentation sollten Sie übrigens auch außerhalb des 6. Dezembers im Kopf behalten: Zum einen lohnt es sich, immer gut auf die eigenen Worte zu achten – scheinbar leichtfertig dahin gesagte Dinge können mehr in Ihnen verändern, als Sie glauben. Sogar eine bewusste Lüge: Sagen Sie Ihrem Kollegen zum Beispiel aus Höflichkeit (oder Mitleid), wie toll Sie seine neue Frisur finden, dann verlieben Sie sich am Ende vielleicht in ihn, obwohl Sie ihn vorher potthässlich fanden.

Und natürlich können Sie mit dieser Technik andere dazu bringen, sich selbst vom Gegenteil zu überzeugen. Die Beispiele in diesem Kapitel zeigen Ihnen schon, dass Sie dafür etwas Fantasie brauchen: Gut funktioniert, jemanden um »Hilfe« zu bitten oder ein (Rollen-) spiel zu veranstalten.

Am einfachsten haben Sie es als Lehrerin: Sie können Ihre Schüler einen Aufsatz schreiben lassen, in dem sie Argumente für eine bestimmte Behauptung suchen sollen.

Möchten Sie, dass Ihr Partner besser auf seinen Cholesterinspiegel achtet, bitten Sie ihn, einem gemeinsamen Freund ins Gewissen zu reden, der angeblich kurz vor einem Herzinfarkt steht. Und ihm zu erklären, worauf er bei seiner Ernährung achten sollte.

Möchten Sie Ihren Nachbarn vom Flur gegenüber dazu bringen, das Hoftor abends besser zu schließen, dann bitten Sie ihn um »Hilfe«: Fragen Sie ihn, ob er nicht einem ganz anderen, »uneinsichtigen« Nachbarn erklären kann, wie wichtig es ist, dass das Hoftor nachts geschlossen ist.

Auch »Wetten« funktionieren gut: Möchten Sie Ihre beste Freundin davon abbringen, Ihrem Mann nachzustellen, dann denken Sie sich eine Wette aus. Der Einsatz Ihrer Freundin könnte lauten: Einmal mit einem Schild durch die Fußgängerzone laufen, auf dem steht »Ehebruch ist böse.« Und sorgen Sie dafür, dass *Sie* die Wette gewinnen.

Und wenn Sie Ihre sechsjährige Tochter davon überzeugen wollen, dass sie unbedingt Chinesisch lernen
soll, dann machen Sie mit ihr ein Rollenspiel: Sie darf
eine Chinesischlehrerin spielen, die Ihnen erklären
soll, warum es heute unerlässlich ist, schon sehr, sehr
früh Chinesisch zu lernen …

Wo zeigt sich die Wirkung der einstellungs-
kontrāren Argumentation in meinem Leben
konkret?

Festinger, L. E., Carlsmith, J. M. (1959): *Cognitive Consequences of Forced Compliance*. Journal of Abnormal and Social
Psychology, 58, 203–210.

Nel, E., Helmreich, R., Aronson, E. (1969): *Opinion Change in
the Advocate as a Function of the Persuasibility of His Audi-
ence: A Clarification of the Meaning of Dissonance*. Journal of
Personality and Social Psychology, 12, 117–124.

Harmon-Jones, E., Brehm, J. W., Greenberg, J., Simon, L.,
Nelson, D. E. (1996): *Evidence that the Production of Aversive
Consequences is Not Necessary to Create Cognitive Disso-
nance*. Journal of Personality and Social Psychology, 70, 5–16.

SICHER WÄRE SICHER –
WENN DER MENSCH NICHT WÄRE

Mit der »Risiko-Kompensation« machen Sie teure
Schutzvorkehrungen wieder zunichte

Ihr neues Auto hat wirklich alle Sicherheitsausstattungen:

– Seitenaufprallairbag
– Bremsassistent
– Fahrstabilitätsprogramm
– dynamisches Bremslicht
– Reifendruckkontrollsystem
– Xenon-Licht
– Runflat-Reifen
– variable Lichtverteilung
– Pre-Crash-System
– Abstandsregelung
– Spurhalteassistent
– automatischer Unfall-Schleudersitz

Macht das Ihr Leben auf der Straße sicherer oder
unsicherer als mit Ihrem alten VW Käfer aus dem Jahr
1940?

Natürlich macht ein solches Auto Ihr Leben sicherer – objektiv gesehen. Wenn *Sie* da nicht als Mensch im Spiel wären. Denn der Mensch unterliegt den psychologischen Effekten. Und einer davon ist die sogenannte »Risiko-Kompensation«: Je geschützter wir uns fühlen, desto risikofreudiger verhalten wir uns. Wir löschen also den technischen Schutz durch unser Verhalten wieder aus. Am Ende ist alles wie vorher, ohne den Schutz. Wie vor 100 Jahren.

Dieser Effekt ist oft experimentell bewiesen: Unter Münchner Taxifahrern testete man zum Beispiel in den 1980er Jahren, wie sie mit dem Antiblockiersystem (ABS) umgingen, das damals nach und nach eingeführt wurde. Die Schlingel fuhren von da an tatsächlich deutlich riskanter. Vor allem trauten sie ihrem ABS viel mehr Sicherheit zu, als es ihnen wirklich geben konnte. Gerade die Fahrer mit ABS-Wagen verursachten besonders viele Unfälle.

Nun kann man sagen, München ist halt München. Dort trinken manche Leute auch zum Frühstück schon zwei Liter Bier. Aber das Experiment wurde international bestätigt, unter anderem in Kanada und Dänemark. Und dort frühstückt man ganz anders.

Das Erschreckende: Nicht nur wir selbst verhalten uns riskanter, wenn wir uns sicher fühlen. Auch unsere Mitmenschen riskieren dann mehr – und setzen *unser* Leben aufs Spiel. Testet man zum Beispiel, wie Autofahrer Fahrradfahrer überholen, dann zeigt sich: Wenn die Fahrradfahrer einen Helm tragen, kommen die Autos um durchschnittlich 8,5 Zentimeter näher an sie heran. Und je weiter außen die Fahrradfahrer fahren, desto dichter kommen die Autos. Besonders grotesk: Tragen männliche Fahrradfahrer eine weibliche Perücke, dann lassen die Autofahrer mehr Abstand. Offenbar geht der gemeine Autofahrer davon aus, dass Frauen weniger sicher Fahrrad fahren. (Wir geben nur Versuchsergebnisse wieder, natürlich nicht unsere eigenen Erfahrungen …)

Ähnliche Effekte vermutet man bei der Gurtpflicht und bei Geschwindigkeitslimits. Sie lassen sich aber auch auf viel harmlosere Situationen übertragen. Zum Beispiel fühlen sich Menschen mit einem unbefristeten Arbeitsvertrag gern viel zu sicher. Werden sie plötzlich entlassen, stürzen sie ins Verderben. Denn sie haben oft nichts zur Seite gelegt, zu viele Kredite aufgenommen und über ihre Verhältnisse gelebt. Oder eine Hausratversicherung veranlasst uns dazu, allzu sorglos mit unserem Hab und Gut umzugehen.

Entwerten Sie also nicht den technischen Fortschritt, Ihre Versicherung oder Ihren unbefristeten Arbeitsvertrag dadurch, dass Sie sich entsprechend riskanter verhalten. Sonst können Sie auch Ihre alte Karre weiterfahren, sich die teure Versicherung sparen oder Ihren Job kündigen. Denken Sie öfter mal an den Effekt der Risiko-Kompensation und überlegen Sie, wie Sie sich *ohne* den Zusatzschutz verhalten würden. Unterm Strich sicherer sind Sie nur, wenn Sie an diesem Verhalten nichts ändern.

Wenn Sie gesichert *sind*: Zeigen Sie es auf keinen Fall zu deutlich anderen Menschen! Sonst werden die Ihre Sicherheitsvorkehrrungen ausnutzen und sich Ihnen gegenüber riskanter als sonst verhalten.

Und wenn Sie ein Mann sind und Fahrrad fahren: Lassen Sie sich die Haare lang wachsen.

Wo zeigt sich die Risiko-Kompensation in meinem Leben konkret?

Aschenbrenner, M., Biehl, B. (1994): *Improved Safety Through Improved Technical Measures? Empirical Studies Regarding Risk Compensation Processes in Relation to Anti-Lock Braking Systems.* In Trimpop, R. M., Wilde, G. J. S. (Hrsg.), *Challenges to Accident Prevention: The Issue of Risk Compensation Behaviour.* Groningen: Styx Publications.

Walker, I. (2007): *Drivers Overtaking Bicyclists: Objective Data on the Effects of Riding Position, Helmet Use, Vehicle Type and Apparent Gender.* Accident Analysis and Prevention, 39, 417–425.

Houston, D. J., Richardson, L. E. (2007): *Risk Compensation or Risk Reduction? Seatbelts, State Laws, and Traffic Fatalities.* Social Science Quarterly, 88, 913–936.

Kitz, V. (2012): Die 365-Tage-Freiheit. Ihr Leben ist wertvoll, um es mit Arbeit zu verbringen. München: Ariston, S. 68 ff.

VORHER WAREN WIR ALLE SCHLAUER

Der »Rückschaufehler« sorgt für Ehekrach
und andere Ärgernisse

Sie sitzen mit Ihrem Partner im Reisebüro und wollen
einen schönen Urlaub im Süden buchen.

»»Neu erbaute Anlage‹, das klingt doch super«, meint
Ihr Partner, »Mit ›kurzem Transfer vom Flughafen‹ – da
sparen wir Zeit.«

»Na, ich weiß nicht«, zweifeln Sie. »Vielleicht ist es dort
dann sehr laut.«

»Ach, Quatsch«, doziert Ihr Partner. »Die bauen doch
kein Hotel extra da hin, wo's laut ist. Wer wäre denn
so bescheuert, mein Puschelnäschen?«

Er stupst Ihnen kurz auf die Nase.

»Und hier: ›Landestypische Einrichtung‹ und ›regionale
Küche‹, da kriegen wir echt was mit vom Land«, strahlt
er.

»Dieses Haus ist auch bekannt für sein junges Serviceteam«, ergänzt die Reiseverkehrskauffrau eifrig. »Junge Leute wollen doch am liebsten unter sich sein, nicht
wahr?«

Ihr Partner nickt. Und nickt.

»Okay, du übernimmst die Verantwortung«, können Sie gerade noch sagen, bevor Sie beide die Buchung unterschreiben.

Vier Wochen später: Der Transfer vom Flughafen war wirklich sehr kurz. Von der einfachen Holzpritsche in Ihrem Zimmer aus können Sie jedes Flugzeug starten und landen hören – nachts, wenn die Bagger im Neubaugebiet um Sie herum ein paar Stunden lang Pause machen.

Die »regionale Küche« besteht aus Oliven und Weißbrot, das »junge Serviceteam« aus den zwei zehnjährigen Kindern des Hotelinhabers.

»Ein lautes Drecksloch mit Kinderarbeit,« flucht Ihr Partner jedem entgegen, der ihm in den Weg kommt. Leider versteht die »örtliche Reiseleitung« kein Wort Deutsch.

»Habe ich es nicht gleich gesagt?«, triumphiert er beim Essen. »Dieses Hotel war die totale Fehlentscheidung, das konnte man doch schon am Katalog ablesen. Nächstes Mal lassen wir mich wieder entscheiden, nicht wahr, mein Puschelnäschen?«

Kommt Ihnen bekannt vor?

Das haben wir gleich gewusst! Wir hätten Ihnen das alles früher sagen können. Aber Sie haben uns ja nicht früher gefragt.

Wir hätten Ihnen sagen können, dass nicht nur *Ihr* Partner so ist.

Und wir hätten Ihnen sagen können – ja, sagen *müssen* –, dass nicht nur Männer so sind.

Wir sind alle so. Wir wissen es *vorher* besser. Und hinterher *auch*. Vorher, weil wir uns selbst überschätzen. Das kennen wir als die »Überlegenheitsillusion« – dass wir alle unter *dieser* Illusion leiden, ist keine sonderlich überraschende Mitteilung.

Aber dass unser Gedächtnis sich im Nachhinein alles Mögliche zusammenfabuliert, nur damit wir es »schon immer« wussten – das ist doch recht beeindruckend. Der »Ich-hab's-doch-immer-gewusst«-Effekt trägt den eleganten wissenschaftlichen Namen »Rückschaufehler«.

Der gute Rückschaufehler ist ordentlich erforscht: Von den vielen Experimenten dazu führte man eines bei der deutschen Bundestagswahl 1998 durch. Man ließ Probanden vorher das tun, was wir alle gern tun: fachsimpeln. Prognosen darüber abgeben, wie die Wahl ausgeht, welche Partei wie viel Prozent bekommt.

Nach der Wahl sollten sich die Probanden an ihre eigenen Prognosen erinnern, und siehe da: In ihrer Erinnerung lagen ihre Prognosen viel näher an den tatsächlichen Wahlergebnissen, als das eigentlich der Fall war. Ihre Erinnerung hatte sich ganz geschmeidig den Informationen angepasst, die sie inzwischen bekommen hatten.

Dieses Experiment haben Forscher mit allen möglichen Fragen durchgeführt, davon sind nur manche Prognosefragen, wie zum Beispiel: »Wo liegt der DAX am Jahresende?« Den Versuch gibt es auch mit echten Wissensfragen, etwa »Wie viel Liter Wasser sind im menschlichen Körper?« oder »Wie endete der Kampf der Briten gegen die Gurkhas im 19. Jahrhundert?«. Auch hier korrigieren wir unsere Antworten sehr gern in die richtige Richtung – *nachdem* wir die richtige Antwort erfahren haben.

Der Rückschaufehler lässt sich allerdings nicht nur damit erklären, dass wir vor uns selbst und anderen gut dastehen und es »gewusst haben« wollen. Denn er taucht nicht nur bei *eigenen* Prognosen und Antworten auf. In einer abgewandelten Version des Wahlprognosen-Experiments fragt man nach der Wahl Menschen, die vorher gar keine Prognose abgegeben haben: »Wie vorhersehbar war die Wahl für andere? Welche Prognosen haben andere Personen wohl vorher abgegeben?« Die Probanden antworten durchweg, das Ergebnis sei sehr vorhersehbar gewesen. Sie schätzen, dass andere Menschen eine recht zutreffende Prognose abgegeben hätten. Wir trauen also durchaus auch anderen Menschen zu, dass sie viel mehr gewusst und viel besser geschätzt hätten. (Gut, diese Seite haben Sie vielleicht an Ihrem Partner bisher noch nicht entdeckt. Bleiben Sie dran!)

Aber auch diese Eigenschaft dient letztlich uns selbst: Wir gaukeln uns mal wieder vor, die Welt wäre generell vorhersehbar und kontrollierbar. Damit fühlt sich unser Gehirn wohl, denn es liebt und braucht die Kontrolle – wenn auch nur als Illusion. Unser Gehirn wird wahnsinnig, wenn ihm eine Situation unkontrollierbar erscheint.

Nun könnten wir Ihnen raten: Lassen Sie sich doch nicht vom Rückschaufehler aufs Glatteis führen. Da Sie ihn nun kennen, sollten Sie ihn auch leichter *er*kennen und vermeiden können.

Bloß ist das leider nicht so. Selbst wenn man Probanden *vor* dem Experiment ausdrücklich vor dem Rückschaufehler warnt, zeigt sich dieser Rückschaufehler genauso wie in der Vergleichsgruppe, die man vorher nicht mit dem Effekt vertraut gemacht hat. Und wenn man die Probanden über ihre Ergebnisse aufklärt und dann das Experiment wiederholt – dann führt sie der Rückschaufehler wieder genauso an der Nase herum, als wäre nichts gewesen. Verrückt!

Probieren Sie also erst gar nicht, dem Rückschaufehler zu entkommen. Es ist offenbar wirklich ein ganz automatischer Prozess.

Trotzdem können wir aus diesem Kapitel natürlich etwas fürs Leben lernen: Sehen Sie es Ihrem Partner, Ihrer Chefin, Ihrem Kollegen und Ihrer Schwiegermutter nach, wenn die sich ihre Erinnerung scheinbar nach Belieben zusammenreimen. Auch sie können nicht anders. Bleiben Sie entspannt. Und sagen Sie einfach: »Ja, Schatz, du hast es schon immer gewusst.«

Wo zeigt sich der Rückschaufehler in meinem Leben konkret?

Fischhoff, B. (1975): *Hindsight ≠ Foresight: Effect of Outcome Knowledge on Judgment Under Uncertainty.* Journal of Experimental Psychology: Human Perception and Performance, 1, 288–299.

Blank, H., Fischer, V., Erdfelder, E. (2003): *Hindsight Bias in Political Elections.* Memory, 11, 491–504.

Pohl, R., F., Hell, W. (1996): *No Reduction in Hindsight Bias After Complete Information and Repeated Testing.* Organizational Behaviour and Human Decision Processes, 67, 49–58.

PROS UND CONS FÜR PRO-UND-CONTRA-LISTEN

Wie Sie mit »Introspektion«
mehr über sich herausfinden – und warum
das nicht immer das Richtige ist

Sie haben sich verliebt.

In eine Wohnung.

Bei der Besichtigung hatten Sie gleich ein gutes Gefühl, haben einen Bewerbungsbogen ausgefüllt – und nun kam die freudige Nachricht: Sie können die Wohnung haben. Morgen sollen Sie den Mietvertrag unterschreiben.

Sie freuen sich. Weil Sie aber auch wirklich alles richtig machen wollen, schreiben Sie sicherheitshalber am Abend vorher noch schnell eine Pro-und-Contra-Liste. Und die sieht so aus:

Pro

- -

1. schöne Holzdielen
2. tolles Wannenbad
3. sehr ruhige Lage

Contra

- -

1. vierter Stock ohne Aufzug

2. schon auch etwas teuer

3. U-Bahn recht weit weg

4. sehr kleiner Balkon

5. meine Ex wohnt nur zwei Straßen weiter

6. Waschmaschinenanschluss nur in der Küche

7. Treppenhaus etwas ungepflegt

Was nun?

Manchmal haben wir ein super Gefühl gegenüber einem anderen Menschen oder einer Sache. Aber wenn wir versuchen, dieses Gefühl sachlich zu begründen, wenn wir systematisch darüber nachdenken – dann finden wir plötzlich mehr Gründe, die dagegen sprechen als dafür. Oder umgekehrt: Wir haben ein schlechtes Gefühl – finden aber eigentlich mehr sachliche Gründe für ein gutes Gefühl.

Wie kann das sein? Und worauf sollten wir dann hören, auf das Gefühl oder auf die Liste?

Die Pro-und-Contra-Liste ist eine Form der sogenannten »Introspektion«: Wir schauen in uns hinein, um unsere Gedanken und Gefühle zu ermitteln und zu erklären.

Nun haben wir in diesem Buch schon öfter festgestellt, dass es gar nicht so leicht ist, die wahren Gründe für unsere Gefühle zu erkennen. Oft stürzen wir uns auf Gründe, die mit unseren Gefühlen gar nichts zu tun haben. Und übersehen die wahren Gründe. Manche Gründe sind schwerer zu erkennen als andere – und vor allem auch schwerer in Worte zu fassen. Es gibt Gründe für ein Gefühl, die sich vielleicht gar nicht in Worten ausdrücken lassen. Dafür können wir Ihnen leider kein Beispiel geben, denn dann müssten wir es ja in Worte fassen. Aber solche Fälle gibt es.

Das Tückische an Pro-und-Contra-Listen ist nun: Auf ihnen landen von vornherein nur Gründe, die leicht erkennbar *und* leicht in Worte zu fassen sind. Wenn die Liste also nicht mit Ihrem ursprünglichen Gefühl übereinstimmt, dann kann es ganz einfach sein, dass Sie die wahren Gründe für Ihr Gefühl bloß nicht in Worte fassen können. Dann ist das, was auf dem Papier steht, irreführend, denn es bildet eben nur einen Teil dessen ab, was Sie wirklich bewegt.

Das Gefährliche dabei ist: Wir neigen dann dazu, unsere Meinung der Liste anzupassen.

Bittet man in einer Studie zum Beispiel Probanden, die mit ihrem Partner eigentlich glücklich sind, die Gründe dafür zu analysieren – dann trennen sich diese Probanden später wesentlich häufiger von ihrem Partner als solche, die keine Gründe für ihr Glück nennen sollten. Das Nachdenken über das Glück zerstört das Glück.

Oder man fragt Studierende, die in einer Uni-Mensa in der Schlange stehen, ob sie einen bestimmten Softdrink mögen, der dort angeboten wird. Sagen sie »ja«, dann fragt man manche von ihnen nach den Gründen, andere nicht. Wer seine Gründe nennen sollte, kauft später viel seltener tatsächlich das Getränk, das er eigentlich mag.

Diese Experimente hat man mit ganz unterschiedlichen Objekten wiederholt: Puzzles, Schokolade, Markennamen, Fotos, fiktiven Menschen, realen Menschen. Immer zeigt sich dieselbe Tendenz: Es verwirrt uns, wenn wir unsere Gefühle analysieren. Was als Selbstreflexion gedacht war, endet als Selbstüberredung. In dem Beispiel von oben würden also die meisten Leute am nächsten Tag *nicht* unterschreiben. Und lieber erst mal eine andere Wohnung suchen.

Nun kann man sagen: Das ist ja nicht schlimm. Dann hat mich die Pro-und-Contra-Liste davor bewahrt, eine falsche Bauchentscheidung zu treffen.

So ist es aber leider nicht. Sagen Sie im Beispiel von oben die Wohnung ab, werden Sie das in ein paar Tagen wahrscheinlich bereuen. Denn klar ist: Wenn Sie sich in die Wohnung »verliebt« haben, dann *gab* es dafür Gründe. Sie konnten sie bloß nicht in Worte fassen. Diese Gründe bestehen aber trotzdem weiter. Das ursprüngliche Gefühl wird sich also schon bald wieder bei Ihnen melden – der Effekt der Pro-und-Contra-Liste ist nur vorübergehend.

Natürlich gibt es auch Fälle, in denen die Gründe für unsere Gefühle leicht zugänglich und leicht in Worte zu fassen sind. In diesem Fall verstärkt es unsere Meinung, wenn wir die Gründe dafür auflisten – denn wir listen ja zufällig die richtigen Gründe auf. Andererseits hätten wir dann die Pro-und-Contra-Liste auch gar nicht gebraucht: Wir hätten uns auch gleich auf unser Gefühl verlassen können.

Was lernen wir daraus? Wenn Sie Ihre Partnerin lieben, dann sollten Sie sie einfach lieben. Und gar nicht erst anfangen, darüber nachzudenken, was *genau* Sie an ihr lieben. Sonst könnte es sein, dass Sie sie plötzlich nicht mehr lieben. Wenn Sie sich in eine Wohnung, ein Handy, ein Reise, ein Paar Schuhe oder in eine Vogelspinne als Haustier verlieben – dann folgen Sie Ihrem Gefühl. Es gibt dann keinen Grund, nach Gründen zu suchen.

Sind Pro-und-Contra-Listen also immer gefährlich oder bestenfalls überflüssig? Nein. Dann manchmal ist ja auch unser Gefühl unentschieden. Kommen Sie von der Wohnungsbesichtigung zurück und Ihr Bauch weiß es auch nicht so genau – dann kann es sinnvoll sein, in eine kleine Introspektion zu gehen. Geht es Ihnen mit Ihrem Partner so lala – dann kann Ihnen eine Pro-und-Contra-Liste helfen, sich die Situation etwas klarer zu machen.

Manchmal ist der Balkon ja einfach *wirklich* zu klein.

Wo zeigen sich die Effekte der Introspektion in meinem Leben konkret?

Wilson, T. D., Bybee, J. A., Dunn, D. S., Hyman, D. B., Rotondo, J. A. (1984): *Effects of Analyzing Reasons on Attitude-Behavior Consistency.* Journal of Personality and Social Psychology, 47, 5–16.

Wilson, T. D., Dunn, D. S. (1986): *Effects of Introspection on Attitude-Behavior Consistency: Analyzing Reasons Versus Focusing on Feelings.* Journal of Experimental Social Psychology, 22, 249–263.

Wilson, T. D., Dunn, D. S., Kraft, D., Lisle, D. J. (1989): *Introspection, Attitude Change, and Attitude-Behavior Consistency: The Disruptive Effects of Explaining why We Feel the Way We*

Do. In Berkowitz, L. (Hrsg.), *Advances in Experimental Social Psychology*, Band 19, 123–205.

Sengupta, J., Fitzsimons, G. J. (2004): *The Effect of Analyzing Reasons on the Stability of Brand Attitudes: A Reconciliation of Opposing Predictions*. Journal of Consumer Research, 31, 705–711.

NACH DER WAHL IST AUCH 'NE QUAL

Das »Überauswahl-Phänomen« macht träge und traurig, aber Sie können gegensteuern

Über das lange Wochenende wollen Sie in ein schönes Wellnesshotel fahren. Das haben Sie sich verdient nach all dem Stress auf der Arbeit in den letzten Tagen: Schon die halbe Woche haben Sie im Büro damit verbracht, sich genauestens alle Hotels auf einem Internetportal anzuschauen.

Alle 250.000.

Denn beim Ort sind Sie auch noch nicht festgelegt. Es gibt ja so viele.

Ihre Chefin braucht zwar dringend ein wichtiges Arbeitsergebnis von Ihnen, aber Sie konnten sie immer wieder vertrösten mit Sätzen wie »Warte noch auf eine Rückmeldung von extern« oder »Da muss ich erst noch einige Infos einholen«. Ist so ganz gelogen ja nicht – und Ihr Wellnesswochenende ist nun mal wichtiger momentan.

Endlich passiert es: Sie entdecken ein Hotel, das Ihren Vorstellungen entspricht! Leise jauchzen Sie auf. Und klicken hastig auf »Bewertungen«.

Dort sehen Sie:

6.000 Bewertungen:

★ ★ ★ ★ ★	5.999 mal
★ ★ ★ ★	0 mal
★ ★ ★	0 mal
★ ★	0 mal
★	1 mal

Was nun?

Natürlich buchen Sie diesen Schlampladen nicht! Wer will denn bitte in einem Hotel wohnen, das eine negative Bewertung hat? Offenbar hatten die 5.999 zufriedenen Gäste etwas übersehen. Oder die sind nur gekauft. Kennt man ja alles.

Und Sie suchen weiter.

Am Ende haben Sie drei Wochen damit verbracht, ein Hotel für drei Tage auszuwählen. Und sind trotzdem unzufrieden.

Und so überspitzt ist diese Geschichte im Vergleich zu unserer Wirklichkeit ja leider nicht, stimmt's? Die Auswahl ist zu einem großen Problem geworden – sie raubt uns Zeit und Glück.

Das ist wissenschaftlich belegt: Ein Experiment findet in einem Supermarkt statt. Dort stellt man einen Probierstand auf, an dem die Leute Marmelade testen können. Einmal können sie dabei aus sechs Sorten wählen und einmal aus 24 Sorten. Der betreffende Supermarkt ist bekannt für seine große Auswahl, die Kunden lieben also offenbar die Welt der Möglichkeiten – so sollte man meinen.

Und das tun sie auch, im ersten Augenblick: Vor dem Stand mit 24 Sorten bleiben 60 Prozent der Leute stehen. Die kümmerliche Auswahl von sechs Sorten verleitet nur 40 Prozent der Leute dazu, anzuhalten.

Interessant wird es dann aber bereits beim Probieren: Obwohl die Auswahl am großen Tisch viermal so groß ist, probieren die Menschen dort im Schnitt nicht mehr Sorten als am kleinen Tisch.

Wer probiert hat, bekommt einen Gutschein über einen Dollar, den er für eine Marmelade dieser Marke verwenden kann, wenn er am Regal ein paar Schritte weiter ein Glas kauft.

Hier zeigt sich dann ein wirklich beeindruckender Effekt: Wer von dem Stand mit nur sechs Sorten kommt, kauft zehnmal so häufig eine Marmelade wie jemand, der am Stand mit den 24 Sorten probiert hat. Zehnmal! Selbst wenn man berücksichtigt, dass bei der größeren Auswahl ja mehr Leute überhaupt anhielten: Gemessen an der Zahl derjenigen, die jeweils am Stand vorbeikamen, kaufen am Ende immer noch achtmal so viele Menschen die Marmelade, wie wenn der Stand weniger Sorten zur Auswahl hatte.

Große Auswahl fasziniert uns also auf den ersten Blick. Aber schon wenn wir die Möglichkeiten näher untersuchen, schränken wir uns stark ein. Und zu viele Möglichkeiten schrecken uns am Ende ganz davon ab, uns überhaupt für etwas zu entscheiden. Wissenschaftlich bezeichnen wir diesen Zustand als »Überauswahl« (»Overchoice«).

Und die gibt es nicht nur beim Einkaufen, sondern auch in anderen Situationen. Können sich etwa Studierende einige Zusatzpunkte dadurch verdienen, dass sie einen freiwilligen Aufsatz schreiben, dann tun das wesentlich mehr von ihnen, wenn man ihnen sechs Themen zur Auswahl stellt – als wenn sie unter 30 Themen wählen können. Und sie schreiben auch inhaltlich bessere Aufsätze.

Schreckt uns eine zu große Auswahl nicht gleich von vornherein ab, dann sind wir zumindest hinterher oft unzufrieden mit unserer Wahl. Zu sehr spuken uns quälende Gedanken im Kopf herum: Habe ich wirklich alles sorgfältig verglichen? Hätte ich doch das eine Gigabyte mehr Speicher nehmen und dafür auf den Triple-Akku verzichten sollen? Hätte das Kleid in dem etwas dunkleren Blau nicht doch besser ausgesehen?

Übrigens kennt man den Effekt schon seit den 1970er Jahren – entsprechend schlimmer ist die Lage seitdem geworden. Über 24 Sorten Marmelade können wir heute nur lachen, wenn wir an die 250.000 Hotels denken oder an die möglichen Handyverträge. Oder an die Millionen Datingpartner, die im Internet auf uns warten. An all die Jobs, die sich in Onlinestellenbörsen tummeln.

Kein Wunder, dass es uns damit schlecht geht.

Was lernen wir daraus?

Wollen Sie Ihren Mitmenschen etwas »verkaufen«, dann sollten Sie die Armen nicht mit zu großer Auswahl verschrecken: Möchten Sie zum Beispiel Ihren Partner davon überzeugen, einen neuen Teppich fürs Wohnzimmer zu kaufen, dann schleppen Sie ihn nicht ins Teppichgeschäft und zeigen ihm stolz, »was es alles gibt«. Sondern wählen Sie selbst zwei Teppiche aus und legen Sie ihm die zur Entscheidung vor. Wollen Sie Ihre Chefin davon überzeugen, Ihnen einen neuen ergonomischen Bürostuhl zu spendieren, dann suchen Sie selbst ein ganz konkretes Modell aus und lassen sich das von ihr genehmigen.

Und was machen wir selbst, um nicht in die Auswahlfalle zu tappen? Beschränken Sie die Auswahl.

Versuchen Sie es mal wieder mit der guten alten Empfehlung – fragen Sie einen Freund oder eine Kollegin, welches Handy oder welches Hotel sie Ihnen empfehlen können. Suchen Sie mal wieder ein Offline-Geschäft auf und lassen Sie sich von der Verkäuferin ein Modell empfehlen. Fragen Sie den Kellner, welches Gericht ihm am besten schmeckt, wenn Sie die Speisekarte überfordert.

Und trauen Sie sich mal wieder, etwas zu tun, vor dem wir heute viel zu viel Angst haben: das Erstbeste zu nehmen. Fragen Sie sich: Welche Rolle spielt es in einem Jahr noch für mein Leben, ob ich heute »Rindfleisch süß sauer mit Zwiebeln leicht scharf« nehme oder »Huhn mit Cashewnüssen ohne Zwiebeln«? Ob mein Smartphone ein Gigabyte mehr oder weniger Speicher hat? Meist keine.

Und wenn doch: Es gibt praktisch keine Entscheidung, die man nicht wieder rückgängig machen könnte. Das gilt selbst für Dinge, die eigentlich mal für die Ewigkeit gedacht waren: Auch Ehen werden heutzutage geschieden, und Päpste treten zurück. Trotzdem plagen wir uns mit den meisten Entscheidungen, als wären sie für immer und ewig. Gönnen Sie sich die Leichtigkeit, nicht nach der perfekten Lösung zu suchen – sondern einfach mal etwas *auszuprobieren*.

Wo zeigt sich das Überauswahl-Phänomen in meinem Leben konkret?

Schwartz, B. (2004): *Paradox of Choice*. New York: Harper Perennial.

Iyengar, S. S., Lepper, M. (2000): *When Choice is Demotivating: Can One Desire Too Much of a Good Thing?* Journal of Personality and Social Psychology, 79, 995–1006.

DAS ZAUBERWORT HEISST NICHT NUR »BITTE«

»Placebo-Informationen« helfen Ihnen dabei,
Ihre Wünsche erfüllt zu bekommen

An der Schlange im Supermarkt: Sie haben keine Lust
zu warten.

Was sagen Sie zu den Leuten vor Ihnen?

☐ »Darf ich bitte mal kurz vor, weil ich es sehr eilig
habe? Ich musste heute Überstunden bei der Arbeit
machen; wissen Sie, mein Chef ist einfach etwas
verpeilt. Hätte er mir früher gesagt, dass er für
morgen Unterlagen für einen Vortrag braucht, dann
hätte ich ihm das schon vor ein paar Tagen fertig
gemacht. Immer das Gleiche, aber das kennen Sie
ja selbst. Naja, und jetzt habe ich gleich noch einen
Termin beim Osteopathen, die Schulter … Und
nachher kommt noch mein Nachbar vorbei, weil er
sich mal meinen neuen Dielenboden anschauen will.
Sagt er. Da steckt ja meist mehr dahinter, aber das
kennen Sie wahrscheinlich selbst …«

Schwierig? Gehen wir die Möglichkeiten zusammen durch:

Die erste ist vielleicht etwas verschwatzt – aber immerhin haben Sie erschöpfend erklärt, warum Sie es eilig haben und vorgelassen werden wollen. »Da kann ja jeder kommen«, kann Ihnen da niemand mehr entgegen halten.

Am dümmsten erscheint die zweite Möglichkeit. Die Begründung ist völliger Blödsinn – bezahlen wollen ja alle, die da anstehen.

Die dritte Möglichkeit ist etwas unhöflich. Andererseits haben wir ja nun schon öfter in diesem Buch festgestellt: Menschen interessieren sich sehr selten für Argumente. Schon gar nicht interessieren sie sich für die Probleme anderer Leute. Also warum diesen Teil nicht einfach weglassen?

Richtig ist: Argumente spielen in der Tat meist keine Rolle. Und deshalb werden Sie mit der ersten *und* der zweiten Alternative etwa gleich viel Erfolg haben. Geringer sind Ihre Aussichten, wenn sie die Begründung einfach völlig weglassen.

Darauf deutet folgendes Experiment hin: Man spricht Menschen an, die an einem öffentlichen Kopierer etwas kopieren wollen und gerade schon ihre Vorlage aufs Glas gelegt haben. Ein Lockvogel fragt, ob er schnell dazwischen darf, um fünf Kopien zu machen. Dabei formuliert er sein Anliegen unterschiedlich gegenüber unterschiedlichen Probanden:

1. »Entschuldigen Sie, ich habe fünf Seiten. Darf ich den Kopierer benutzen?«
2. »Entschuldigen Sie, ich habe fünf Seiten. Darf ich den Kopierer benutzen, weil ich Kopien machen muss?«
3. »Entschuldigen Sie, ich habe fünf Seiten. Darf ich den Kopierer benutzen, weil ich es eilig habe?«

Der reinen Bitte ohne Begründung – also Variante Nr. 1 – geben immerhin 60 Prozent der Probanden nach. Das ist ja schon mal nicht schlecht für eine relativ schlichte, unhöfliche »Bitte«, nicht wahr?

Begründet der Lockvogel seine Bitte plausibel wie in Variante Nr. 3, dann steigt die Quote auf 94 Prozent. Fast jeder lässt ihn nun vor. Zählen Argumente also doch?

Dann dürfte bei Variante Nr. 2 niemand helfen, denn das »Argument« ist keins. Es ist nur eine leere Hülle, eine Scheinbegründung, daher hat man ihr den Namen »Placebo-Information« gegeben. Das Erstaunliche ist aber: Hier helfen praktisch genauso viele Menschen wie bei einer sinnvollen Begründung – 93 Prozent.

Entscheidend ist also ganz offensichtlich nicht die inhaltliche Begründung selbst, sondern allein der Umstand, *dass* die Bitte rein äußerlich eine Begründung enthält.

Das Zauberwort heißt daher nicht unbedingt »bitte« – sondern »weil«.

Die Versuchsleiter werten das Ergebnis als Beleg dafür, dass wir im Alltag oft automatisch handeln, ohne bewusst nachzudenken. Wir achten nur darauf, dass alles äußerlich korrekt läuft, dass also eine Bitte formal eine Begründung trägt. Sonst empfinden wir sie als unhöflich. Hören wir die gewohnte höfliche Satzstruktur einer Bitte, scheint uns alles in Ordnung zu sein – auf den Inhalt achten wir dann gar nicht mehr.

Das Ergebnis zeigt aber eben auch einmal mehr, dass Argumente tatsächlich überschätzt sind. Es kommt auf die Form an, nicht auf den Inhalt.

Wenn Ihnen nun schon ganz neue Strategien für das nächste Gehaltsgespräch vorschweben, dann müssen wir Ihnen leider sagen: Der Trick hat seine Grenzen. Er funktioniert nur bei kleineren alltäglichen Gefallen. Ändert man das Experiment von oben so, dass der Lockvogel 20 Kopien dazwischen schieben möchte und nicht nur fünf, dann hören die Leute bereits etwas genauer hin. Wie wir schon an vielen anderen Stellen in diesem Buch gesehen haben, kommt es aber selbst bei größeren Anliegen auf andere Dinge an als auf den Inhalt. Nur funktioniert es dann nicht ganz so plump – damit beschäftigen wir uns im nächsten Kapitel.

Aus *diesem* Kapitel können Sie sich merken: Meist lohnt es sich nicht, zu viel Zeit in ausgefeilte Begründungen zu investieren. Kleine Gefälligkeiten tun Ihnen die Leute bereits, wenn Sie einen Placebo-Grund nennen – Hauptsache, Sie benutzen ein »weil« in der Bitte.

Wo zeigt sich der Effekt von Placebo-Informationen in meinem Leben konkret?

Langer, E. J., Blank, A., Chanowitz, B. (1978): *The Mindlessness of Ostensibly Thoughtful Action: The Role of «Placebic» Information in Interpersonal Interaction*. Journal of Personality and Social Psychology, 36, 635–642.

VERTRAUEN SIE FÜR IHREN ERFOLG AUF DR. KITZ, DR. TUSCH – UND DR. FOX

Der »Dr.-Fox-Effekt« lässt Sie überzeugender auftreten und Schaumschläger durchschauen

Eine große Chance – ein Headhunter hat bei Ihnen angerufen! Es gibt da einen interessanten Job, für den Sie infrage kommen. Beim Auswahlverfahren sollen Sie Ihre Kompetenz unter Beweis stellen und vor der Auswahlkommission einen kleinen Vortrag halten. Thema: »Die Anwendung der mathematischen Spieltheorie in der Ausbildung von Ärzten«.
Der Vortrag soll übermorgen stattfinden.

Wie reagieren Sie?
☐ Von dem Thema habe ich keine Ahnung – so ein Mist! Ich muss absagen.
☐ Von dem Thema habe ich keine Ahnung – ich arbeite mich schnell noch ein und büffele die nächsten zwei Nächte durch.

☐ Von dem Thema habe ich keine Ahnung – das ist *meine* Chance! Die verbleibende Zeit nutze ich, um mir einen teuren Anzug zu kaufen und an meinem Lebenslauf zu feilen.

Variante:
Denken Sie anders, wenn Sie erfahren, dass unter Ihren Zuhörern internationale Experten zu dem Thema anwesend sein werden?

Wenn das Leben uns etwas lehrt, dann das: Alle kochen nur mit Wasser. Obwohl wir das »wissen«, haben wir immer wieder viel zu viel Ehrfurcht vor großen Menschen und großen Aufgaben. Dabei haben die anderen Menschen von den meisten Dingen nicht mehr Ahnung als Sie selbst – sie lassen es sich nur nicht anmerken. Das ist einerseits erschreckend. Andererseits aber auch ungemein beruhigend.

Vertrauen Sie nicht nur Dr. Kitz & Dr. Tusch, sondern auch einem gewissen Dr. Fox – und entscheiden Sie sich für Möglichkeit Nr. 3: Gehen Sie unbesorgt hin und sprechen Sie zu dem Thema, von dem Sie keine Ahnung haben.

Aber kaufen Sie sich vorher einen wirklich guten Anzug.

Dr. Fox ist eine Figur aus einem berühmten Experiment. Man stellt Probanden einen Redner vor: »Dr.

Myron L. Fox, eine Kapazität auf dem Gebiet der Anwendung von Mathematik auf das menschliche Verhalten«. Er ist gut gekleidet, tritt vornehm auf; seine Stimme klingt kompetent. Dr. Fox spricht zum Thema »Die Anwendung der mathematischen Spieltheorie in der Ausbildung von Ärzten«.

Hinterher stellen die Zuhörer – also die Probanden – Fragen und diskutieren angeregt mit Dr. Fox. Sie berichten, sie hätten einen interessanten Vortrag gehört und viel gelernt.

Niemandem fällt auf, dass »Dr. Fox« in Wirklichkeit ein Schauspieler ist, dem aufgetragen wurde, komplett widersprüchlichen Unsinn zu erzählen. Sein wissenschaftlicher Lebenslauf ist frei erfunden.

Nun denken Sie vielleicht: Kein Wunder, wenn die Zuhörer selbst keine Ahnung haben, also Laien sind. Das sind sie auch – aber nur zum Teil. Der andere Teil der Probanden besteht aus Fachleuten, die sich gut auskennen »auf dem Gebiet der Anwendung von Mathematik auf das menschliche Verhalten«.

Auch ihnen fällt nichts auf.

Kaum zu glauben?

Denken Sie nur an Comedians, die sich vor ahnungslosen Zuschauern als Professoren oder hochintellektuelle Schriftsteller mit Wasserglas auf dem Tisch ausgeben. Selbst Fachleute fallen regelmäßig darauf herein.

Der Dr.-Fox-Effekt besagt: Wenn jemand nur ordentlich angezogen ist, ordentlich spricht und uns als

Experte vorgestellt wird, dann glauben wir ihm fast alles.

Gerade im Arbeitsleben tummelt sich Dr. Fox überall: Besonders auf den oberen Ebenen reden die Menschen um die Wette über Dinge, von denen sie keine Ahnung haben. Das kann man ihnen nicht einmal vorwerfen: Ab einer gewissen Hierarchieebene *kann* man gar nicht mehr alles verstehen, was man entscheiden soll. Im Gegenteil: Es gehört gerade zu den notwendigen Fähigkeiten einer Führungskraft, über Dinge zu beraten und zu entscheiden, von denen sie *keine* Ahnung hat. Das meinen wir ausnahmsweise mal ganz ironiefrei.

Auch Politiker leben vom Dr.-Fox-Effekt. Da äußern sich Bundestagsabgeordnete zur Neuregelung des Patentgesetzes oder zur Regulierung des Finanzmarktes – und sind in ihrem eigentlichen Beruf Deutschlehrer (nichts gegen Deutschlehrer) oder Physiotherapeutinnen (nichts gegen Physiotherapeutinnen). Sie *können* gar nichts von dem wissen, was sie entscheiden sollen. Und trotzdem haben die Menschen ein vergleichsweise hohes Vertrauen in sie.

Die Liste lässt sich fortsetzen: Der Arzt erklärt uns etwas in seinem weißen Kittel und mit seinem »Dr.« auf dem Namensschild – wir vertrauen ihm. Die Anwältin rät uns etwas mit dem Gesetzbuch in der Hand – wir vertrauen ihr. Der Journalist erklärt uns etwas in einer renommierten Zeitung – wir vertrauen ihm. Dr. Kitz & Dr. Tusch lassen Ihre Deutungen der Welt in Buchform drucken – und Sie vertrauen ihnen (ähm ... hoffentlich).

Wir wollen selbstverständlich nicht behaupten, dass all diese Experten in Wirklichkeit keine sind und nichts von ihrem Beruf verstehen. Doch es ist unbestritten, dass auch Ärzte mal falsch behandeln, Anwälte mal falsch beraten, Journalisten mal falsch die Welt erklären und dass es überhaupt kein Buch *ohne* Fehler gibt. Vor allem gibt es auch für Experten immer ein erstes Mal – auch wenn sich niemand anmerken lässt, dass er diese Krankheit noch nie behandelt, diesen Sachverhalt noch nie vor Gericht vertreten oder zu diesem Thema noch nie zuvor recherchiert hat.

Das Dr.-Fox-Experiment lehrt uns folglich zwar nichts Brauchbares über »Die Anwendung der mathematischen Spieltheorie in der Ausbildung von Ärzten«. Aber es lehrt uns zwei andere Dinge:

Legen Sie einerseits Ihr Schicksal nicht zu sehr in die Hände gut gekleideter und gut klingender Experten. Prüfen Sie die Dinge im Zweifelsfall selber nach oder wenden Sie sich an weitere Experten – dieser Ratschlag hat schon Leben gerettet.

Andererseits können Sie den Dr.-Fox-Effekt für sich selbst nutzen. Gerade wenn Sie zu den Menschen gehören, die »auf Äußerlichkeiten« nicht viel geben und eher »inhaltlich überzeugen« wollen, tun Sie sich vielleicht einen Gefallen, wenn Sie ein wenig umdenken. Sich »nur um die Sache« zu kümmern, klingt zwar nobel. Aber das Experiment zeigt, dass Sie mit einer anderen Strategie vielleicht (noch) erfolgreicher sein könnten. Der Anzug oder das Kostüm ist häufig wichtiger als das Argument.

Trauen Sie sich also. Die meisten Dinge können Sie mindestens genauso gut wie alle anderen Menschen auch.

Wo zeigt sich der Dr.-Fox-Effekt in meinem Leben konkret?

Naftulin, D. H., Ware, Jr., J. E., Donnelly, F. A. (1973): *The Doctor Fox Lecture: A Paradigm of Educational Seduction.* Journal of Medical Education, 48, 630–635.

WARUM SIE DAS GRAS ÖFTER AUCH MAL IN DER WÜSTE WACHSEN HÖREN SOLLTEN

Die richtige Mischung aus
»Top-Down«- und »Bottom-Up«
-Prozessen bringt Sie auf neue Gedanken

1. Ersetzen Sie jeweils den fehlenden Buchstaben:
a) ANGLER – FISCH – W __ RM
b) HEISS – KALT– W __ RM

2. Udn wraum knönen Sei deisen Txet egneitlich lseen, owbohl er totlaer Bldösinn its?

Beim ersten »W __ RM« scheint es uns völlig klar zu sein, dass der fehlende Buchstabe nur ein »U« sein kann. Bis wir zum zweiten Beispiel kommen: Da scheint es nun genauso eindeutig, dass ein »A« fehlt. Es handelt sich zweimal um dasselbe Lückenwort – aber um ganz unterschiedliche, scheinbar jeweils »einzige« Lösungen.

Über diese Lösungen brauchen wir nicht besonders nachzudenken: Weder bei 1. a) noch bei 1. b) müssen wir im Kopf erst durchgehen: WARM, WERM, WIRM, WORM, WURM – was könnte es wohl sein? Die »richtige« Antwort ergibt sich aus dem Kontext.

Was hier als automatisches Programm abläuft, nennen wir in der Wahrnehmungspsychologie ein Zusammenspiel von »Bottom-Up«- und »Top-Down«-Verarbeitung:

Bottom-Up, also von unten nach oben, füttern wir unser Gehirn mit den ganz konkreten Reizen und analysieren diese Reize. Wir nehmen nur das, was da ist, also »W __ RM«. Würden wir mit der Bottom-Up-Verarbeitung weitermachen, würden wir tatsächlich im Kopf alle Möglichkeiten durchgehen, diese Lücke zu füllen. Und wir würden feststellen: Es gibt zwei sinnvolle deutsche Worte (WARM, WURM) und ein sinnvolles englisches Wort (WORM). Und es gibt jede Menge andere Kombinationen, die zwar kein sinnvolles Wort ergeben, aber zum Beispiel ein Unternehmenskürzel oder eine sonstige Abkürzung darstellen könnten.

Bei 2. ergibt eine reine Bottom-Up-Verarbeitung: Das ist eine sinnlose Anhäufung von Buchstaben.

Anders läuft die Sache nur, weil vorzeitig die Top-Down-Verarbeitung von oben nach unten übernimmt: Bei ihr bestimmen die Informationen, die wir bereits haben, unsere Wahrnehmung. Wir suchen ganz gezielt nach der Variante, die zu unseren Erwartungen passt. Dabei nutzen wir unser Vorwissen genauso wie den Zusammenhang. Deshalb drängt sich nach »Angler«

und »Fisch« sofort »Wurm« auf, und wir suchen gar nicht mehr nach anderen Lösungen. Und deshalb ergibt der Buchstabensalat in 2. doch noch einen Sinn: Das Bild der Wörter mit ihren Anfangs- und Endbuchstaben kommt uns vertraut vor. Und die Wörter davor und danach lassen uns das Rätsel so lösen, dass ein sinnvoller Satz entsteht.

Diese Kombination ist einerseits raffiniert, denn sie spart uns Zeit, und wir finden uns schneller und besser zurecht. Sie funktioniert nicht nur bei geschrieben Worten, sondern auch bei gehörten. Verstehen wir einen Satz oder ein Wort nur halb, dann nehmen wir über einen Top-Down-Prozess die undeutlichen Geräusche so wahr, dass sie zur verständlichen Hälfte passen. Das nennen wir in der Fachsprache den »Phonemergänzungseffekt«. Auch bei Bildern funktioniert der

Prozess: Sehen Sie zum Beispiel ein Foto mit großen braunen und weißen Flecken, können Sie damit noch nicht viel anfangen. Bekommen Sie aber den Hinweis, das Bild stamme aus einem Zoo, könnte es sich plötzlich um die Großaufnahme eines Giraffenfells handeln.

Die Zusammenarbeit dieser Bottom-Up- und Top-Down-Prozesse hat aber auch Nachteile: Wir sehen und hören (nur) das, was wir erwarten.

Zum einen kann uns das regelrechte Halluzinationen bescheren. In Experimenten spielt man Probanden zum Beispiel Sätze vor, bei denen über bestimmten Silben ein Störgeräusch liegt. In anderen Fällen ersetzt das Störgeräusch die Silbe vollständig, man kann sie gar nicht hören. Über die Top-Down-Verarbeitung ergänzen die Probanden im Kopf jeweils die fehlende Silbe. Sie können hinterher aber nicht sicher sagen, ob sie die Silbe wirklich gehört oder sich nur gedacht haben. Unser automatischer Wahrnehmungsprozess lässt uns also das Gras dort wachsen hören, wo wir es vermuten.

Zum anderen engt es unsere Sichtweise stark ein, wenn wir nur noch das wahrnehmen, was wir auch erwarten: Was nicht passt, wird passend gemacht. Doch es gibt ja auch Situationen, in denen wir keine Zeit sparen, sondern neue Möglichkeiten ausschöpfen wollen: kreativ sein, ausgefallene Lösungen finden. Da stört dieser automatische Prozess.

Da Sie den Prozess nun kennen, können Sie ihn in Zukunft auch mal ausschalten oder etwas manipulieren:

Ausschalten können Sie den Top-Down-Prozess, indem Sie die Umstände so weit wie möglich ausblenden. In Aufgabe 1. würden Sie sich dann also nicht durch die zwei Wörter beeinflussen lassen, die neben dem Lückenwort stehen – sondern systematisch versuchen, die Lücke mit allen möglichen Buchstaben von A bis Z zu ersetzen. Da tauchen plötzlich ganz neue Ideen auf!

Manipulieren können Sie den Top-Down-Prozess, indem Sie den Kontext ändern. Innovationen entstehen dadurch, dass jemand zwei Dinge miteinander verbindet, zwischen denen bisher niemand einen Zusammenhang gesehen hat. Eine der größten Erfindungen der letzten Jahrzehnte ist zum Beispiel die E-Mail – sie kombiniert den guten alten Brief mit einer Übertragung durch Telefonleitungen, also den Eigenschaften eines Telefongesprächs. Eine Kombination aus Möglichkeiten, die für sich genommen schon vorher da waren: Dieses Muster können Sie bei fast allen Innovationen feststellen.

Hören Sie also immer nur das Gras wachsen, dann verlegen Sie den Kontext doch einmal in die Wüste. Manchmal kann schon ein Ortswechsel helfen: Das weiß jeder, dem die Lösung zu einem Problem aus dem Arbeitskontext plötzlich im Fitnessstudio oder zu Hause auf dem Sofa kam. Oder ändern Sie im Kopf die Perspektive und fragen Sie sich: Was würde mir ein Außerirdischer zu diesem Problem raten? Was meine Hündin? Was Günther Jauch? Was mein Fahrrad?

Oder schlagen Sie ein Wörterbuch an einer zufälligen Stelle auf und tippen Sie blind mit dem Finger auf ein Wort. Bringen Sie dann die (konventionelle) Idee in Ihrem Kopf mit diesem zufällig gewählten Wort in Verbindung. Oder wählen Sie gleich zwei zufällige Begriffe und versuchen Sie, eine Verbindung mit dem Thema zu finden, zu dem Sie eine Lösung suchen. Diese Methode funktioniert hervorragend, um auf Knopfdruck neue Ideen zu generieren. Wenn Sie es einmal probiert haben, werden Sie es nie wieder anders machen.

Wo zeigen sich Top-Down- und Bottom-Up-Prozess in meinem Leben konkret?

Warren, R. M. (1970): *Restoration of Missing Speech Sounds.* Science, 167, 392–393.

Samuel, G. (1997): *Lexical Activation Produces Potent Phonemic Percepts.* Cognitive Psychology, 32, 97–128.

Selfridge, O. G. (1955): *Pattern Recognition and Modern Computers. Proceedings of the Western Joint Computer Conference.* New York: Institute of Electrical and Electronics Engineers.

Birkenbihl, Vera F. (2012): *ABC-Kreativ. Techniken zur kreativen Problemlösung.* München: Ariston.

WENIGER IST MEHR – WARUM SIE SICH DAS ZWEITE GESCHENK SCHENKEN KÖNNEN

Das »Geber-Paradox« schafft Stress und Enttäuschung

Ihre Schwester heiratet, Sie sind eingeladen, und der zukünftige Schwager trifft auch noch auf Ihre Zustimmung. Sie wollen den beiden also ein nettes Geschenk machen und greifen zum Wochenende in Venedig. Dazu nehmen Sie im Supermarkt noch eine Flasche Rotwein mit und schnüren ein schönes Paket.
Was denkt Ihre Schwester?

☐ »Das ist ein echt liebevoll aufeinander abgestimmtes Geschenk aus mehreren Teilen.«

☐ »Ne Flasche Wein? Ich weiß schon, wen ich bei meiner nächsten Hochzeit nicht mehr einlade …«

Was »Richtiges« und noch was Kleines dazu – das zeigt, dass man viel Geld und Liebe investiert hat. So denken wir ja oft bei Geschenken. Doch die Wissenschaft legt nahe: Ihre Schwester könnte enttäuscht sein, schon bevor sie den Wein überhaupt probiert.

In einem Experiment lässt man Probanden bewerten, wie attraktiv sie ein Stipendium von 1.750 Euro finden – im Vergleich zu einem Stipendium von 1.750 Euro *zuzüglich* 15 Euro für Bücher. Die meisten Probanden finden die 1.750 Euro ohne das Büchergeld großzügiger – und sind damit zufriedener als mit dem »Zweierset«. Obwohl *das* unterm Strich 1.765 Euro wert ist.

Ähnliche Versuche zeigen: Kunden würden für einen mp3-Player fast 40 Prozent mehr Geld ausgeben als für einen mp3-Player *mit* Gratis-Download. Hotelgäste zahlen 10 Prozent mehr, wenn in der Anzeige des Hotels nur ein toller Pool beworben ist – als wenn *zusätzlich* auch noch ein Restaurant hervorgehoben wird.

Fragt man die Probanden hingegen, welches Angebot sie als Anbieter oder als Schenker für besser halten, so entscheiden sich die meisten für das »Set«. Sie geben also mehr Geld für etwas aus, das der Empfänger als weniger empfindet.

Paradox? Ja, das ist es. Deswegen nennt man den Effekt das »Geber-Paradox« (»Presenter's Paradox«). Der Schenker oder Anbieter sieht die Sache offenbar genau anders herum als der Beschenkte oder der Kunde.

Woher kommt dieser Unterschied?

Wenn wir etwas schenken, addieren wir die Einzelteile – wenig verwunderlich, denn wir bezahlen ja auch die volle Summe: Ein Wochenende in Venedig für zwei zu 700 Euro plus eine Flasche Rotwein für 1,99 Euro macht insgesamt ein Geschenk für 701,99 Euro.

Der Empfänger aber addiert offenbar nicht, sondern betrachtet das Paket als Ganzes – das nennen wir in der Fachsprache eine »holistische Verarbeitung«. Er bildet einen Mittelwert aller Einzelteile: 701,99 Euro geteilt durch zwei ergibt dann 350,99 Euro. Schwupps ist das Geschenk nur noch die Hälfte wert – aus der Sicht des Beschenkten. Der kleinere Gegenstand reißt den Wert des größeren in den Abgrund, so wie heißes Wasser kälter wird, wenn man es mit lauwarmem Wasser mischt.

Einen ähnlichen Effekt hat man bei Entschuldigungen festgestellt: Sie wirken »schlicht« am besten – also ohne ein zusätzliches Wiedergutmachungsgeschenk.

Wahre Forscher bleiben natürlich nie bei dem stehen, was sie herausgefunden haben. Ihnen schießt sofort die nächste Frage in den Kopf: Wie sieht es denn aus, wenn man statt eines Geschenks eine Strafe im handlichen »Set« präsentiert?

Auch hier macht die »Zugabe« das Set insgesamt schwächer: Probanden fühlen sich eher abgeschreckt von einem Schild mit der Aufschrift »Müll wegwerfen verboten! Strafe: 750 Euro« als von einem Schild mit der Aufschrift »Müll wegwerfen verboten! Strafe: 750 Euro und 2 Stunden Sozialarbeit«.

Wenn Sie also beim nächsten Mal etwas verschenken oder sich entschuldigen, dann lassen Sie die zusätzliche Flasche Wein, den aufgeklebten Schokoriegel oder das Kochbuch zum Wok-Set einfach weg. Das spart Ihnen Zeit, Geld und lässt Ihr Geschenk viel wertvoller erscheinen.

Beschränken Sie sich auch auf die großen, wertvollen Sachen, wenn Sie etwas anpreisen wollen. Ihr Lebenslauf lässt Sie bei der nächsten Bewerbung zum Beispiel attraktiver erscheinen, wenn Sie nur die *eine* außergewöhnliche Fortbildung angeben, die Sie absolviert haben – und die vier 0815-Kurse einfach weglassen. Halten Sie einen Vortrag, konzentrieren Sie sich auf das stärkste Argument und verzichten auf andere, schwächere. Sonst entwerten Sie Ihre eigenen Aussagen.

Und wollen Sie Ihrem Kind eine Lehre erteilen, weil es bei der Hochzeit Ihrer Schwester verraten hat, wie billig die Flasche Rotwein war, nehmen Sie ihm nur das iPhone für ein paar Tage weg und strafen es nicht zusätzlich noch mit einem Tag Hausarrest. Auch hier wirkt weniger mehr.

Wo zeigt sich das Geber-Paradox in meinem Leben konkret?

Weaver, K., Garcia, S. M., Schwarz, N. (2012): *The Presenter's Paradox*. Journal of Consumer Research, 39, 445–460.

Monga, A. B., John, D. R. (2007): *Cultural Differences in Brand Extension Evaluation: The Influence of Analytic Versus Holistic Thinking*. Journal of Consumer Research, 33, 529–536.

Abeler, J., Calaki, J., Andree, K., Basek, C. (2010): *The Power of Apology*. Economics Letters, 107, 233–235.

SO NUTZEN SIE DEN WASCHZWANG IHRER MITMENSCHEN

Der »Lady Macbeth-Effekt« hilft Ihnen,
andere zu durchschauen

Beim Gebrauchtwagenhändler: Sie haben sich einen
schönen Jahreswagen ausgesucht.
»Wirklich auch ganz selten gefahren«, gackert der
Händler, »den Vorbesitzer kenne ich persönlich.«
»Keine Unfälle?«, fragen Sie.
»Ich bitte Sie«, schlägt Ihnen der Händler »freund-
schaftlich« auf die Schulter, so dass Ihnen Ihr Kaugum-
mi in den Rachen rutscht. »Würde ich Ihnen so was
andrehen?«
Schon sitzen Sie in seinem Büro und unterschreiben
den Kaufvertrag.
»Bei dem Preis, da leg ich drauf«, murmelt der Händ-
ler noch, und Sie wischen sich eine Träne aus dem
Auge. Armer Kerl.
Nachdem Sie sich verabschiedet haben, geht der
Händler zum Waschbecken und wäscht sich die
Hände.
Was schließen Sie daraus?

Natürlich kann das unterschiedliche Gründe haben. Vielleicht hatten Sie feuchte Hände vor Aufregung, und das wollte der Händler nicht für den Rest des Tages an sich kleben lassen. Vielleicht war ihm gerade eingefallen, dass er vorhin auf dem Klo vergessen hatte, sich die Hände zu waschen.

Vielleicht sollten Sie es sich aber auch schnell noch einmal anders überlegen und den Vertrag zerreißen. Denn das Händewaschen hat in der psychologischen Forschung eine ganz eigene Bedeutung bekommen: Es könnte sein, dass er Sie gerade über den Tisch gezogen hat.

In einem berühmten Experiment bittet man Probanden, sich an eine Situation zu erinnern, in der sie sich unmoralisch verhalten haben – zum Beispiel jemanden belogen oder betrogen haben. Eine Vergleichsgruppe soll sich an eine Situation erinnern, in der sie besonders vorbildlich gehandelt hat: einer blinden 190jährigen Frau über die Straße geholfen zum Beispiel. Alle Probanden sollen möglichst genau beschreiben, was passiert ist und wie sie sich dabei gefühlt haben. Hinterher lässt man sie folgenden Lückentext ausfüllen – auf Englisch, der Sprache des Original-Experiments:

W _ _ ER

S _ _ P

Es gibt mehrere Möglichkeiten, diese Lücken zu füllen: WISH, SHAVER, SOUP zum Beispiel. Oder WEEH, SHAKER, STEP. Aber wer sich vorher daran erinnert hat, dass er einmal etwas Unmoralisches getan hat, den ziehen offenbar folgende Lösungen magisch an: WASH, SHOWER, SOAP – Wasser, Dusche, Seife. Diese Lösungen tauchen in der »bösen« Gruppe über 60 Prozent häufiger auf als in der »guten«.

Andere Probanden können sich hinterher ein Geschenk aussuchen: einen Bleistift oder ein Reinigungstuch für die Hände. Die »Bösen« nehmen doppelt so oft das Reinigungstuch wie die »Guten«.

In einer weiteren Versuchsanordnung soll sich der Proband vorstellen, er wäre ein junger Rechtsanwalt. Eine Kollegin, die intern eine Konkurrentin ist, sucht dringend ein Dokument. Der Proband hat dieses Dokument gefunden. Nun soll er sich vorstellen, dass er die Kollegin entweder anruft und ihr sagt »Ich konnte es nicht finden.« oder ihr eine entsprechende E-Mail schreibt. Eine Vergleichsgruppe soll sich die Worte vorstellen: »Ich habe es gefunden und auf deinen Schreibtisch gelegt.«

Hinterher bekommen die Probanden eine Liste mit Einkaufsgegenständen und sollen angeben, wie wünschenswert ihnen die Artikel auf einer Skala von 1 bis 7 erscheinen. Darunter sind Dinge wie Haftnotizzettel, Fruchtsaft, Batterien, CD-Hüllen und Schokoriegel – aber auch solche wie Duschgel, Mundwasser, Scheibenreiniger, Hände-Desinfektionsmittel und Badreiniger.

Sie ahnen es schon: Wer die unmoralische Geschichte hatte, findet die Reinigungsartikel wesentlich wichtiger als jemand, der in der Geschichte »gut« war.

Aber das ist noch nicht alles: Wer die Situation »Anruf« hatte, dem scheint das Mundwasser sehr begehrenswert. Wer in Gedanken die E-Mail schrieb, der sehnt sich nach dem Desinfektionsmittel für die Hände.

Offenbar haben wir ein Bedürfnis danach, uns zu reinigen, wenn wir etwas Unmoralisches tun – und zwar sogar genau an den Körperstellen, die daran beteiligt sind!

Bekannt geworden ist das Phänomen als »Lady-Macbeth-Effekt«: In Shakespeares Drama »Macbeth« wäscht sich die feine Lady zwanghaft die Hände, nachdem sie mit ihrem Mann zusammen einen Mord begangen und den Dolch entsorgt hat.

Inzwischen hat man den Effekt auch bei Menschen festgestellt, die an einer Entscheidung zweifeln, die sie gerade getroffen haben. Normalerweise fangen wir in einer solchen Situation an, uns die Entscheidung mit allerlei Aufwand »schönzureden«. Waschen sich Probanden aber einfach die Hände, verfliegt ihr Unwohlsein, und sie *brauchen* sich gar nichts mehr schönzureden. Sie sind mit sich und ihrer Entscheidung im wahrsten Sinne des Wortes im Reinen.

Möchten Sie also wissen, ob andere Sie fair behandeln oder über den Tisch ziehen, können Sie auf solche Zeichen achten. Nicht immer ist ein Waschbecken in der Nähe. Aber nach dem Personalgespräch mit Ihrem Chef können Sie zum Beispiel aus ihrer Tasche Erfrischungstücher ziehen. Und fragen: »Möchten Sie auch eins?« Was dann passiert, kann Ihnen einen wertvollen Hinweis darauf geben, ob Sie gerade die Wahrheit erfahren haben über Ihre Zukunft in der Firma.

Und wenn Ihre Partnerin mal wieder Überstunden im Büro gemacht hat und zu Hause dann »ganz schnell unter die Dusche« will – sollten Sie sich vielleicht etwas näher dafür interessieren, über wem genau sie diese Über-Stunden verbracht hat.

Wo zeigt sich der Lady-Macbeth-Effekt in meinem Leben konkret?

Zhong, C.-B., Liljenquist, K. (2006): *Washing Away Your Sins: Threatened Morality and Physical Cleansing*. Science, 313, 1451–1452.

Lee, S. W. S., Schwarz, N. (2010): *Dirty Hands and Dirty Mouths: Embodiment of the Moral-Purity Metaphor Is Specific to the Motor Modality Involved in Moral Transgression*. Psychological Science, 21, 1423–1425.

Lee, S. W. S., Schwarz, N. (2010): *Washing Away Postdecisional Dissonance*. Science, 328, 709.

IST IHRE PERSÖNLICHKEIT SENSATIONELL?

Das Persönlichkeitsmerkmal
»Sensation Seeking« kann
so Manches erklären

Wie sieht Ihr perfektes Wochenende aus?

☐ – Samstag, 9 Uhr: Nackt-Yoga im Park
  – Samstag, 12 Uhr: Flug nach Berlin in der L-39 »Albatros«
  – Samstag, 14 Uhr: Base Flying aus einem Hochhaus in Berlin-Mitte
  – Samstag, 15 Uhr: Weiterflug nach New York
  – Samstag, 18 Uhr (Eastern Standard Time): Cocktailmixkurs in der Fackel der Freiheitsstatue (Sondergenehmigung)
  – Samstag, 20 Uhr: Dinner for two in einem Schaufenster auf der Fifth Avenue
  – Samstagnacht: spontanes Club-Hopping
  – Sonntag, 11 Uhr: Frühstück mit Madonna
  – Sonntag, 14 Uhr: Schwimmen mit Delfinen und Elton John
  – Sonntag, 16 Uhr: Rückflug nach Deutschland

- Montag, 7 Uhr (Mitteleuropäische Sommerzeit):
  Ankunft am Flughafen, direkt zur Arbeit (Umziehen im Taxi)

☐ Ausschlafen, essen, vielleicht etwas fernsehen
  (wenn ich nicht zu müde bin)

Manchmal scheint es, als würde unsere Gesellschaft immer schneller, ruheloser und verrückter. Und als müssten wir uns ständig gegenseitig übertreffen – nicht nur mit unseren tollen Erfolgen im Job, sondern auch mit unseren unglaublichen Abenteuern in der Freizeit. Wer am Wochenende nicht wieder etwas ganz Abgedrehtes gemacht hat, steht am Montagmorgen leicht blöd da bei der Frage: »Und, wie war *dein* Wochenende so?«

Viele haben den Leistungszwang aus dem Arbeitsleben tatsächlich aufs Privatleben übertragen. Einfach »nichts« tun, das wollen sie nicht mehr auf sich sitzen lassen. Deshalb haben sich regelrechte Abenteueragenturen entwickelt, bei denen man »Erlebnisse« buchen kann – »Kampfpanzer selber fahren« zum Beispiel oder ein »Erotik-Fotoshooting«.

Aber der Zeitgeist ist nur die halbe Wahrheit. Es gibt auch Menschen, die wirklich nur dann glücklich sind, wenn sie ständig etwas Neues erleben – heute genauso wie früher: Schon in den 1960er Jahren entdeckten Forscher ein Persönlichkeitsmerkmal, das sie »Sensation

Seeking« nannten. Wir alle brauchen Reize, so wie wir Essen, Trinken und Schlaf brauchen. Und wie beim Essen, Trinken und Schlafen gibt es auch bei den Reizen manche Menschen, die mehr brauchen als andere. Sie haben generell ein niedriges »Erregungsniveau« und dürsten daher nach Situationen, die sie stimulieren. Diese »Sensation Seeker« suchen ständig nach Erlebnissen, die neu, abwechslungsreich und intensiv sind. Sonst kommen sie auf »Reiz-Entzug«, und es geht ihnen schlecht.

In Untersuchungen hat man vier unterschiedliche Bereiche des Sensation Seeking ausgemacht:

»Abenteuer-Sucher« brauchen riskante körperliche Herausforderungen. Sie lieben Dinge wie Gleitschirmfliegen oder Bungee-Jumping. Und sie rasen gern auf der Straße.

»Erfahrungs-Sucher« lieben alle neuen Erfahrungen. Sie probieren verschiedene Wege zur Arbeit aus und essen am liebsten Dinge, die sie nicht kennen. Und sie sagen gern Dinge, die man nicht von ihnen erwartet. Für die »Erfahrungs-Sucher« gibt es keine guten oder schlechten Erfahrungen, denn *jede* neue Erfahrung ist für sie ein Wert an sich.

»Enthemmungs-Sucher« verlieren gern die Kontrolle. Sie sind nach ein paar Drinks am besten drauf, feiern die Nächte am liebsten durch und experimentieren manchmal mit Drogen.

Menschen mit »Langeweile-Neigung« schließlich können es nicht ausstehen, wenn sich Dinge wiederholen. Für sie ist es eine Qual, einen Film zum zweiten

Mal zu sehen, zu lange in derselben Stadt zu leben oder im selben Beruf zu arbeiten. Wenn sie sich mit langweiligen Leuten unterhalten müssen, rasten sie aus.

Diese Merkmale sind bei unterschiedlichen Menschen unterschiedlich stark ausgeprägt. Nicht alle sind Sensation Seeker – und nicht alle Sensation Seeker sind gleich. Überprüfen kann man das mit einem speziellen Persönlichkeitstest, der »Sensation-Seeking Scale«.

Persönlichkeitsmerkmale und gesellschaftliche Erwartungen wirken also zusammen, und die Kombination kann uns jeweils auf unterschiedliche Weise unglücklich machen:

Wenn Sie *kein* Sensation-Seeker sind, leiden Sie vielleicht unter dem gesellschaftlichen Zwang, dass wir heute nicht mehr stillstehen dürfen, auch in der Freizeit Stress haben müssen, und darunter, dass die Menschen um Sie herum ständig weitere Urlaubsreisen, riskantere Sportarten und aufregendere Partnerinnen sehen wollen. Lassen Sie sich davon nicht verrückt machen. Probieren Sie zur Abwechslung mal wieder aus, was passiert, wenn Sie ein Wochenende einfach auf der Couch verbringen – und das Ihren Freunden und Kollegen auch genau so sagen. Sie werden sehen: Dann passiert auch nichts Schlimmes. Insgeheim werden die anderen Sie darum beneiden, dass Sie aus dem Freizeitstress-hamsterrad ausgebrochen sind.

Wenn Sie aber Sensation Seeker *sind*, kann es sein, dass Sie genau unter dem Gegenteil leiden: Dass alle nur sagen, das sei der schlimme Zeitgeist. Dass Sie sich Ratschläge anhören müssen wie: »Verzettel dich nicht!«, »Komm doch mal an!«, »Sei nicht so getrieben.« oder »Übernimm endlich Verantwortung!« Auch in diesem Fall sollten Sie nicht so viel darauf geben, was andere Menschen Ihnen raten und von Ihnen erwarten. Gestehen Sie sich ein, dass Sie den Reiz des Neuen brauchen, um glücklich zu sein – und suchen Sie ihn. Ruhig ein Leben lang.

Werden Sie sich klar darüber, welcher Typ Sie sind und was *Sie* glücklich macht (und nicht die anderen). Und nehmen Sie sich das – egal, was die Menschen um Sie herum dazu sagen. Haben Sie aber auch Verständnis dafür, dass Ihre Partnerin oder Ihr bester Freud möglicherweise ganz andere Bedürfnisse hat. Es ist überhaupt nichts dabei, wenn jemand am Wochenende den Cocktailkurs in der Freiheitsstatue braucht. Aber genauso wenig ist dabei, wenn sich jemand einfach nur auf sein Sofa freut. Was »normal« ist (und was nicht), sollten wir nicht vorschnell beurteilen, weder bei uns noch bei anderen – und weder für ein Wochenende noch für ein ganzes Leben.

Wo zeigen sich Merkmale des Sensation Seeking in meinem Leben konkret?

Zuckerman, M., Bone, R. N., Neary, R., Mangelsdorff, D., Brustman, B. (1972): *What Is The Sensation Seeker? Personality Trait and Experience Correlates of the Sensation-Seeking Scales.* Journal of Consulting and Clinical Psychology, 39, 308–321.

Roberti, J. W. (2004): *A Review of Behavioral and Biological Correlates of Sensation Seeking.* Journal of Research in Personality, 38, 256–279.

Zuckerman, M. (2007): *The Sensation Seeking Scale V (SSS-V): Still Reliable and Valid.* Personality and Individual Differences, 43, 1303–1305.

Kitz, V., Tusch, M. (2011): *Ich will so werden, wie ich bin. Für Selberleber.* Frankfurt/New York: Campus.

Sensation-Seeking Scale, Test unter www.bbc.co.uk/science/humanbody/mind/surveys/sensation.

SIND SIE IDEALIST ODER EGOIST?
ODER BEIDES?

Der «Gerechte-Welt-Glaube»
ist eine kognitive Illusion –
zu Ihrem eigenen Nutzen

Ein sanfter Wind weht um Ihren verführerisch gebräun-
ten Körper; vor Ihnen rauscht romantisch das Meer.
Sie räkeln sich zufrieden in Ihrem Liegestuhl.
»Wir haben ja nur 1.250 Euro für die acht Wochen
bezahlt, das war ein Schnäppchen«, informieren Sie
stolz das Pärchen auf den Liegestühlen neben Ihnen.
Die beiden grinsen sich kurz an und glucksen zurück:
»Echt? Ihr macht Witze; das wäre ja voll der Wucher.
Wir haben 799 bezahlt, inklusive Reiserücktrittsversi-
cherung und Begrüßungsobstkorb ...«

Wie hoch ist die Wahrscheinlichkeit auf einer Skala von

1 – 2 – 3 – 4 – 5 – 6 – 7 – 8 – 9 – 10 ,

dass Sie noch am Abend dem Deutschen Bundestag
eine Petition gegen ungerechte Reisepreise schicken,
wenn sich herausstellt, dass

a) in Wirklichkeit die anderen einen Witz gemacht haben,

b) es kein Witz ist, das andere Pärchen aber schon vor zwei Jahren zum Mega-Früh-Sparer-Rabatt gebucht hat,

c) der niedrigere Preis ohne die »All-Inclusive-Option« ist,

d) das andere Pärchen tatsächlich zum selben Zeitpunkt das selbe Paket für 36 Prozent weniger Geld bekommen hat?

Wie lässt sich Ihr ungutes Gefühl insbesondere bei Option d) näher beschreiben und begründen?

Der psychologische Fachbegriff dafür ist der »Gerechte-Welt-Glaube«: der Glaube daran, dass jeder Mensch im Leben das bekommt, was er verdient. Und dass wir an den Zuständen etwas ändern müssen, wenn das nicht so ist.

Warum hat der Gerechte-Welt-Glaube einen eigenen Namen als psychologisches Phänomen?

Weil er leider falsch ist.

Dass die Welt *nicht* gerecht ist, zeigt ja ein schneller Blick um uns herum: Wären Sie ein paar hundert Kilometer, manchmal sogar nur ein paar Kilometer, weiter weg geboren oder aufgewachsen, sähe Ihr Leben vielleicht ganz anders aus. Dann würden Sie jetzt nicht entspannt ein Buch lesen, weil Sie vielleicht gar nicht lesen könnten. Oder weil Sie ganz andere Sorgen hätten, nämlich: Woher bekomme ich heute Abend etwas zu essen? Ohne dass Sie dafür im Geringsten etwas könnten, es also »verdient« hätten.

Und es kommt noch schlimmer: Eine echte Gerechtigkeit kann es kaum geben. Wie sollte sie aussehen? Die vielen unterschiedlichen Bedürfnisse der unterschiedlichen Menschen und anderen Lebewesen widersprechen sich viel zu sehr. Wayne W. Dyer schreibt darüber treffend in seinem Buch *Der wunde Punkt*: »Wenn die Welt so eingerichtet wäre, dass alles immer gerecht zugehen müsste, dann könnte kein Lebewesen auch nur einen einzigen Tag überleben. Den Vögeln wäre es nicht mehr erlaubt, Würmer zu fressen, und jedermanns Eigeninteresse wäre Genüge zu tun.«

Der Gerechte-Welt-Glaube ist also eine Selbsttäuschung, eine sogenannte »kognitive Illusion«. Wir machen uns etwas vor.

Bloß warum? Wer an eine gerechte Welt glaubt und für sie kämpft, der setzt sich nicht nur für höhere Werte ein. Der Gerechte-Welt-Glaube hat auch ganz egoistische Motive. Er ist nämlich eine direkte Folge unseres Kontrollbedürfnisses: Unser Gehirn gibt nur Ruhe, wenn es über alles Kontrolle hat – erscheint ihm eine Situation unkontrollierbar, leidet es Höllenqualen!

Und der Gerechte-Welt-Glaube ist dafür unheimlich praktisch: Wenn die Welt gerecht ist, dann funktioniert sie nach bestimmten Regeln – denen der Gerechtigkeit. Und was nach bestimmten Regeln funktioniert, das lässt sich eben vorhersehen und auch kontrollieren.

Wenn jemand zum Beispiel bei einem Autounfall stirbt oder sonst etwas erleidet, das wir nicht erleiden möchten, will unser Gehirn unbedingt ausschließen, dass es uns genauso gehen könnte. Und dafür hat es zwei Möglichkeiten:

Entweder wir werten das Opfer ab und sagen: Selbst schuld. Warum ist der auch auf der falschen Spur gefahren? Oder bei Regen viel zu schnell? So würde ich mich nicht verhalten, daher kann mir so etwas auch gar nicht passieren.

Deshalb sind wir zum Beispiel froh, wenn wir bei schweren Krankheiten sogenannte Risikogruppen ausmachen können. Gehören wir nicht dazu, können wir scheinbar aufatmen – die Krankheit bekommen die,

die sich entsprechend riskant verhalten. Oder wir quittieren den Hungerlohn, den manche Menschen für ihre Arbeit bekommen, mit dem Gedanken »Augen auf bei der Berufswahl« – die hätten ja auch etwas anderes lernen können, so wie ich.

Oder aber wir können beim Opfer *keine* Schuld ausmachen. Dann ist die Welt »ungerecht« – und unser Gehirn höchst alarmiert, denn es findet keinen Grund mehr, warum uns so etwas nicht auch eines Tages passieren könnte. Also rufen wir nach »Gerechtigkeit«. Irgendetwas soll sich bitte ändern, damit die Welt für uns wieder berechenbar wird. Erst dann gibt unser Gehirn Ruhe.

Die gerechte Welt ist also eine Illusion, noch dazu eine egoistische. Harter Tobak für Idealisten. Was können wir denn wenigstens aus diesen ernüchternden Erkenntnissen lernen?

Am besten fallen Sie vom Glauben ab: Die Einsicht, dass es eine wirklich gerechte Welt weder gibt noch geben kann, macht uns wesentlich entspannter. So schonen wir gewaltig unsere Nerven, wenn der Chef mal wieder die Kollegin mehr für ihr Projekt gelobt hat, als ihr eigentlich zustünde. Oder wenn wir im Urlaub erfahren, dass …

Diese Gelassenheit bekommen Sie, wenn Sie sich bewusst machen, wie und wo Sie überall davon *profitieren*, dass das Leben ungerecht ist. Die meisten Menschen, die sich hierzulande über Ungerechtigkeiten beklagen, profitieren im weltweiten Vergleich genau davon, dass das Leben ungerecht *ist* – sonst ginge es ihnen nämlich ganz anders. Und auch bei kleinen Dingen ist jeder mal auf beiden Seiten: Im Lauf des Lebens bekommt jeder mal das unverdient günstige Reiseschnäppchen – oder ein Lob vom Chef, das eigentlich der Kollegin zugestanden hätte.

Diese Gelassenheit gibt uns dann auch die Kraft, die Welt dort zu verändern, wo wir es *können*. Denn natürlich bedeuten diese Einsichten nicht, dass wir immer alles hinnehmen sollten. An vielen Stellen können wir das Leben tatsächlich ein wenig gerechter gestalten. Aber verändern können wir die Realität erst, nachdem wir sie akzeptiert haben.

Wo zeigt sich der Gerechte-Welt-Glaube in meinem Leben konkret?

Lerner, M. J. (1980): *The Belief in a Just World: A Fundamental Delusion.* New York: Plenum.

Piaget, J. (1954, urspr. 1932*): Das moralische Urteil beim Kinde.* Zürich: Rascher.

Dyer, W. W. (1980): *Der wunde Punkt. Die Kunst, nicht unglücklich zu sein.* Reinbek: Rowohlt (Zitat: S. 184).

Kitz, V., Tusch. M. (2008): *Das Frustjobkillerbuch. Warum es egal ist, für wen Sie arbeiten.* Frankfurt/New York: Campus, S. 101 ff.

WAS ICH WEISS, MACHT MICH (UNNÖTIG) HEISS

Die »Unterscheidungsverzerrung«
verwirrt Sie bei der Auswahl

Sie brauchen einen neuen Fernseher. Im Elektronik-
markt haben Sie sich überraschend schnell für ein
Modell entschieden. Es ist weiß und würde gut zu Ihrer
Wohnzimmereinrichtung passen. Das Bild erscheint
auch nicht anders als bei den anderen Geräten.
»Die sind eh alle mehr oder weniger gleich«, murmeln
Sie erleichtert vor sich hin – ein wenig zu laut.
Bestürzt eilt ein Verkäufer herbei.
»Na, ganz gleich sind die nun auch wieder nicht«,
ermahnt er Sie. »Der hier hat zum Beispiel nur eine
Bildwiederholungsfrequenz von 200 Hertz, der dort
drüben hat 400 Hertz!«
Sie zucken zusammen und schauen auf die Liste der
technischen Daten neben den beiden Geräten. Tat-
sächlich, da steht es ja: die Bildwiederholungsfrequenz,
mal 200 Hertz, mal 400 Hertz. Das Doppelte!
Allerdings ist das andere Modell schwarz.
Was nun?

So etwas aber auch! Da hätten Sie sich um ein Haar eine Kiste mit so einer verdammt niedrigen Bildwiederholungsfrequenz ins Haus geholt. Gerade noch mal Glück gehabt!

Wenn es Ihnen wie den meisten Menschen geht, haben Sie sich bis zu diesem Zeitpunkt allerdings weder über die Bildwiederholungsfrequenz *Ihres* Fernsehers noch über die Bildwiederholungsfrequenz von Fernsehgeräten im Allgemeinen tiefgehende Gedanken gemacht. Die meisten Menschen wissen gar nicht, was das genau ist und welche Werte dabei üblich sind. Ohne den Vergleich hätten Sie diese Eigenschaft nie entdeckt.

Aber ist es nicht gut, zu vergleichen?

Ein klassisches Experiment dazu hat gar nichts mit einer anstrengenden Einkaufstour im Elektrogroßmarkt zu tun: Probanden sollen sich einfach entweder an ein negatives Erlebnis in ihrem Leben erinnern und bekommen dafür 15 Gramm Schokolade. Oder sie sollen sich an ein erfreuliches Erlebnis erinnern und bekommen dafür 5 Gramm Schokolade.

Eine Gruppe erfährt von beiden Möglichkeiten und soll zwei Dinge jeweils auf einer Skala von -4 (sehr schlecht) bis +4 (sehr gut) vorhersagen:

- Wie wird sich jemand fühlen, der sich an eine gute beziehungsweise an eine schlechte Erfahrungen erinnert?
- Wie wird sich jemand mit den 15 Gramm beziehungsweise den 5 Gramm Schokolade fühlen?

Die Probanden meinen:

- Wer sich an gute Erfahrungen erinnert, ist bestimmt glücklicher als jemand, der sich an schlechte Erfahrungen erinnert.
- Wer 15 Gramm Schokolade bekommt, ist bestimmt glücklicher als jemand, der 5 Gramm bekommt.

Müssten diese Probanden also eine der beiden Optionen wählen, wären sie in einer Zwickmühle: Mal machen die Erinnerungen glücklicher, mal die größere Dosis Schokolade. Eine »richtige« Entscheidung scheint schwierig zu sein. Genau wie beim Fernseher im Beispiel oben.

Nun testet man, wie sich Probanden mit den Erinnerungen und der Schokolade wirklich fühlen. Dazu lässt man sie jeweils *eine* der beiden Optionen tatsächlich durchführen und ihre Gefühle auf der gleichen Skala von -4 bis +4 notieren. Das Ergebnis:

- Diejenigen mit den positiven Erinnerungen sind wirklich glücklicher als die mit den negativen Erinnerungen.
- Bei der Schokolade ist das anders: Wer gerade 5 Gramm gegessen hat, ist fast genauso glücklich wie jemand, der 15 Gramm gegessen hat.

Im ersten Fall stimmt also die Vorhersage: Den Unterschied zwischen guten und schlechten Erfahrungen schätzen wir richtig ein. Im zweiten Fall hingegen überschätzen wir dramatisch den Unterschied zwischen

5 Gramm Schokolade und 15 Gramm Schokolade. Es hätte also durchaus eine »richtige« Entscheidung gegeben: Die guten Erinnerungen und die 5 Gramm Schokolade erzeugen unterm Strich mehr Glück als die schlechten Erinnerungen und die 15 Gramm Schokolade.

Im direkten Vergleich schätzen wir das aber falsch ein. Wir entscheiden uns anders, wenn wir eine Sache einzeln beurteilen, als wenn wir sie zusammen mit einer anderen Sache beurteilen. Im zweiten Fall überschätzen wir die Unterschiede. Diesen Fehler nennen wir in der Fachsprache »Unterscheidungsverzerrung« (»Distinction Bias«).

Das Problem dabei ist nun: Nur die Entscheidung treffen wir im Vergleich, die eigentliche Erfahrung machen wir isoliert. Im Beispiel oben werden Sie sich ja höchstwahrscheinlich nur *einen* Fernseher kaufen. Anders als im Geschäft stehen in Ihrem Wohnzimmer also nicht beide Fernseher nebeneinander, und Sie sagen sich nicht jeden Tag: »Der eine hat eine doppelt so hohe Bildwiederholungsfrequenz wie der andere.« Sie werden nur *ein* Gerät haben, auf dem Sie gut fernsehen können. Und Sie werden schon bald wieder vergessen haben, dass es solche dramatischen Unterschiede bei den technischen Daten überhaupt gibt.

Wie das Experiment zeigt, tritt die Unterscheidungsverzerrung nur bei quantitativen Vergleichen auf (15 Gramm gegenüber 5 Gramm), aber nicht bei qualitativen (gute Erfahrungen gegenüber schlechten). Bei qualitativen Vergleichen dürfen wir uns also eher auf unsere Eingebung verlassen: Ob wir mit einem neuen Fernseher glücklicher werden oder mit einer neuen Küchenmaschine, können wir ganz gut abschätzen.

Quantitative Unterschiede hingegen sollten Sie nicht überbewerten. Das gilt besonders für Merkmale, die Sie bisher gar nicht kannten und überhaupt erst durch einen Vergleich entdeckt haben. Diese Merkmale können Ihnen ja vorher nicht so wichtig gewesen sein.

Solche bislang unbekannten »technischen Daten« tauchen nicht nur im Elektronikmarkt auf: Bei der Partnersuche im Internet zum Beispiel gibt es inzwischen Portale, die kleinste Abstufungen von Persönlichkeitsmerkmalen analysieren, von denen Sie vorher vielleicht noch gar nichts gehört haben. Macht es zum Beispiel wirklich einen so großen Unterschied, wenn ein Kandidat beim Handlungsmotiv »Wachstumsorientierung« 32 Punkte hat, ein anderer 39? Nur, wenn Sie beide Partner nehmen – in der »isolierten« Erfahrung wohl eher nicht.

Helfen kann es auch, wenn Sie sich einen Referenzwert schaffen. Sie können zum Beispiel in Erfahrung bringen, welche Werte üblich sind, womit Sie bisher zufrieden waren oder was Ihnen bei Freunden gut gefallen hat.

Damit können Sie das tragische Fernsehdilemma von oben auf dreierlei Art lösen:

1. Sie vertrauen auf Ihre Einschätzung hinsichtlich der *qualitativen* Unterschiede und gehen allein nach der Farbe.

2. Sie suchen einen Referenzwert für die Bildwiederholungsfrequenz: Sie bringen in Erfahrung, dass ein Bild ab 100 Hertz für das menschliche Auge ruckelfrei läuft und eine höhere Rate kaum mehr spürbar ist.

3. Sie ignorieren einfach die quantitativen Unterschiede bei der Ihnen bisher unbekannten Eigenschaft.

Alle drei Wege führen Sie zu der Lösung, mit der Sie später am zufriedensten sein werden: zum weißen Gerät, das gut in Ihr Wohnzimmer passt. Und alle drei Lösungswege können Sie auch auf andere Entscheidungen übertragen: Auf die Partnerwahl, die Jobwahl, die Wohnungswahl – wann immer Sie sich fragen: »Ist der kleine Unterschied wirklich so groß?«

Wo zeigt sich die Unterscheidungsverzerrung in meinem Leben konkret?

Hsee, C. K., Zhang, J. (2004): *Distinction Bias: Misprediction and Mischoice due to Joint Evaluation*. Journal of Personality and Social Psychology, 86, 680–695.

Hsee, C. K. (1996): *The Evaluability Hypothesis: An Explanation for Preference Reversals Between Joint and Separate Evaluations of Alternatives*. Organizational Behavior and Human Decision Processes, 67, 247–257.

Hsee, C. K., Leclerc, F. (1998): *Will Products Look More Attractive When Presented Separately or Together?* The Journal of Consumer Research, 25, 175–186.

KLATSCH ODER KLATSCHE – WOMIT SETZEN SIE SICH EHER DURCH?

Die Aggressionsforschung hilft Ihnen, mit den richtigen Waffen zu kämpfen

Jeden Morgen das Gleiche: Die immer selbe Person aus dem Kollegenkreis parkt auf *Ihrem* Parkplatz! Was tun Sie, um diese Person etwas zum Nachdenken anzuregen?

☐ Ich klemme einen Umschlag mit einer frisch abgehackten Hühnerkralle hinter den Scheibenwischer.

☐ Ich klemme einen Umschlag mit einem Pornofilm aus den 1970ern hinter den Scheibenwischer. Jemand auf dem Cover dieses Films sieht der Person auf meinem Parkplatz verdammt ähnlich …

Sicherlich haben beide »Warnungen« ihren Reiz: »Ich hack dir die Finger ab« ebenso wie »Ich erzähl allen Leuten, du hättest früher dein Geld mit Schmuddelfilmen verdient«. Wofür Sie sich entscheiden, hängt möglicherweise davon ab, ob Sie ein Mann oder eine Frau sind. Frauen und Männer können nämlich beide ganz schön aggressiv sein – bloß meist auf unterschiedliche Weise.

Das zeigen Experimente: Männer und Frauen sollen sich vorstellen, sie wären auf einer Party und würden von einem anderen Gast geärgert und provoziert. Dann sollen sie auf einer Skala von 1 bis 10 angeben, wie viel Lust sie gerade jeweils auf folgende Reaktionen hätten:

– »Ich würde der Person gern in den Magen boxen.«
– »Ich würde gern allen auf der Party erzählen, dass diese Person faul und egoistisch ist und zudem auch noch lügt.«
– »Ich würde gern zu der Person sagen: ‚Tolles Wetter heute, oder?‘«

Dabei stellt sich heraus: Männer haben öfter als Frauen große Lust darauf, die Sache durch einen gepflegten Schlag in den Magen zu erledigen. Frauen hingegen juckt es häufiger in den Lippen, eine kleine Gemeinheit über die Person zu verbreiten.

Männer greifen also lieber den Körper an, Frauen die Ehre.

Die Gründe dafür vermutet man in der Evolution: Männer gingen auf die Jagd und kämpften mit Tieren und Rivalen. Ihre Qualität war die körperliche Stärke. Wollte eine Frau wissen, ob ein Mann eine gute Partie war, musste sie nur hinschauen: auf seinen Körperbau und wie er sich so im Jagdalltag »schlug«. Wer als Mann die Frauen beeindrucken wollte, der erlegte einen besonders großen Dinosaurier oder einen besonders breitschultrigen Nebenbuhler.

Frauen hingegen trugen die Kinder aus und zogen sie groß. Das waren die Qualitäten, nach denen die Männer ihre Frauen aussuchten. Dafür brauchten die Frauen zum einen ihre Fäuste gar nicht. Zum anderen konnte man ihnen nicht auf den ersten Blick ansehen, ob sie diese Qualitäten hatten, ob sie also fruchtbar waren und gut für eine Familie sorgen konnten. Männer waren deshalb darauf angewiesen, was man sich über die Frauen erzählte: auf Informationen. Wollte eine Frau einen Mann beeindrucken, sorgte sie also am besten dafür, dass über sie nur gute Sachen erzählt wurden – und über die Konkurrentinnen schlechte. Ein Satz wie »Die kann nicht mal eine Fellschürze nähen« hat in der Steinzeit vielleicht manche Konkurrentin ausgeschaltet.

So lernten Männer, die Fäuste einzusetzen, und Frauen, die Informationen.

Männer haben aber auch gelernt, eher die Fäuste zu *fürchten* – und Frauen eher die Informationen. Männer lassen sich tatsächlich eher davon beeindrucken, wenn man ihnen eine Tracht Prügel androht. Frauen haben eher Angst davor, dass man ein Gerücht über sie in die Welt setzt.

Und damit zurück zum Beispiel von oben: Was besser wirkt, hängt davon ab, welches Geschlecht die Person hat, die auf Ihrem Parkplatz parkt. Hat sie das gleiche Geschlecht wie Sie selbst, können Sie getrost im steinzeitlichen Denkmuster bleiben. Gehört sie zum anderen Geschlecht, sollten Sie vielleicht umdenken: Dann kann es wirkungsvoller sein, wenn Sie als Mann der Kollegin ein Gerücht androhen – und als Frau dem Kollegen eine Tracht Prügel.

Wollen Sie aggressiv sein, dann lassen Sie sich nicht von Ihrem *eigenen* Geschlecht auf die falsche Fährte führen, sondern denken Sie zielgruppengerecht: Prügeln Sie die Männer und verleumden Sie die Frauen.

Wo wirken weibliche oder männliche Aggressionsmuster in meinem Leben konkret?

Hess, N. H., Hagen., E. H. (2006): *Sex Differences in Indirect Aggression. Psychological Evidence from Young Adults.* Evolution and Human Behavior, 27, 231–245.

Hess, N., (2006): *Informational Warfare: The Evolution of Female Coalitions and Gossip.* Unter http://itb.biologie.hu-berlin.de/~hagen/papers/Info_warfare.pdf.

McFadyen-Ketchum, S. A., Bates, J. E., Dodge, K. A., Pettit, G. S. (1996): *Patterns of Change in Early Childhood Aggressive-Disruptive Behavior: Gender Differences in Predictions from Early Coercive and Affectionate Mother-Child Interactions.* Child Development, 67, 2417–2433.

SO LASSEN SIE SICH NICHT VON ANDEREN MANIPULIEREN

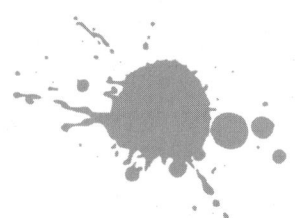

Die »Einstellungsimpfung« macht Sie immun gegen Umstimmungsversuche

Ihr kleiner Sohn ist wirklich hervorragend erzogen: Gerade erst in die Schule gekommen, findet er nicht nur Hausaufgaben super, er putzt sich auch tatsächlich nach jedem Essen die Zähne. Sie wissen gar nicht, womit Sie dieses Glück verdient haben, und wollen auf jeden Fall, dass das so bleibt.

Doch Sie haben den Eindruck, dass die neuen Mitschüler Ihres Sohnes ihm diese Eigenschaft schnell ausreden könnten.

Wie gehen Sie am geschicktesten vor?

☐ Ich lese meinem Sohn jeden Abend nochmal die Geschichte von Karius und Baktus vor, den beiden schlimmen Bakterien, die ihr Unwesen in seinem Mund treiben, wenn er sich nicht die Zähne putzt. Und ich ahme den Bohrer des Zahnarztes nach – das hat ja bei mir früher auch geholfen.

Die meisten Eltern schwören auf die erste Methode:
Ob Zähneputzen, Hausaufgaben, Drogenkonsum, erster Sex mit 13 – sie bläuen dem Nachwuchs immer wieder die scheinbar »richtigen Argumente« ein. Um dem schlechten Einfluss der Altersgenossen entgegenzuwirken.

Die Wissenschaft legt allerdings nahe, dass die zweite Methode wirkungsvoller sein könnte.

Abgeschaut ist sie aus der Medizin. Was machen wir dort, um uns vor Krankheiten zu schützen? Etwas auf den ersten Blick recht Absurdes: Wir lassen uns kleine Portionen von Krankheitserregern in den Körper spritzen. Doch gerade dadurch bereiten wir den Körper auf den Fall vor, dass mal ein größerer Schub dieser Erreger kommen könnte. Das nennen wir Impfung – und meist funktioniert sie. Unser Immunsystem bildet dann tatsächlich Abwehrkörper und bringt sich in Stellung gegen größere Angriffe.

Diese Strategie funktioniert auch in der Psychologie, deshalb ist sie da als »Einstellungsimpfung« bekannt. Und sie funktioniert nicht nur bei Kindern, sondern auch bei Erwachsenen: Das klassische Experiment dazu ist so ähnlich wie in unserer Einstiegsgeschichte, aber mit erwachsenen Probanden. Man gibt ihnen kleine Argumente gegen die Auffassung, es sei gut, sich nach jedem Essen die Zähne zu putzen. Allerdings lässt man diese Argumente nicht so stehen, sondern »widerlegt« sie sofort. Später gibt man den Probanden einen längeren Aufsatz zu lesen, der ausführlich erklärt, warum es sogar schädlich sein könnte, sich die Zähne jeden Tag dreimal zu putzen. Zum Vergleich gibt man diesen Aufsatz auch Probanden, die man vorher nicht »geimpft« hat.

Dann sollen alle auf einer Skala von 0–15 bewerten, wie sehr sie der Aussage zustimmen: »Es ist wichtig, sich nach jedem Essen die Zähne zu putzen.« Zum Vergleich nimmt man den durchschnittlichen Zustimmungswert von Menschen, die man überhaupt nie mit (Gegen-)Argumenten konfrontiert hat: Er liegt auf dieser Skala etwa bei 13.

Bei der Gruppe, die nicht vorher geimpft wurde, sondern gleich den Aufsatz mit den ausführlichen Argumenten gelesen hat, saust die Zustimmung herunter auf unter 6. Wer vorher »geimpft« wurde, verliert auch ein wenig von seiner Überzeugung – hat aber immer noch einen Zustimmungswert von über 9. Die »Impfung« stärkt also tatsächlich gegen Versuche, jemanden umzustimmen. Dabei spielt es auch praktisch keine Rolle, ob im eigentlichen »Angriff«, also dem ausführlichen Aufsatz, die Argumente aus der Impfung vorkommen oder ganz andere.

Das Experiment zeigt allerdings: Es ist wichtig, die kleinen »Gegenargumente« auch wieder zu entkräften. Entweder man lässt die Person selbst dagegen argumentieren – oder man »widerlegt« sie gleich bei der »Impfung«. Auf diese Weise bildet die Person ihre »Antikörper«: Sie lernt, dass es Argumente gegen ihre Auffassung gibt, dass diese Gegenargumente aber nicht überzeugend genug dafür sind, die eigene Meinung zu ändern.

Im Einstiegsbeispiel sollte Ihr Kind also am besten gleich selbst den Argumenten gegen das Zähneputzen widersprechen – wenn nicht, sollten *Sie* klarstellen, dass sich Zähneputzen trotzdem lohnt. Der elterliche Instinkt wird ohnehin dafür sorgen, dass Sie die Aussage »Apps herunterladen ist besser als Zähneputzen« nicht unwidersprochen im Raum stehen lassen …

Dieses Wissen können wir im Alltag auf unterschiedliche Weise einsetzen:

1. Wenn Sie jemanden in seiner Überzeugung *bestätigen* wollen, reden Sie ihm nicht nach dem Mund, sondern »impfen« Sie ihn regelmäßig mit kleinen Gegenargumenten, die Sie oder die Person selbst dann entkräften.

2. Wenn Sie sich davor schützen möchten, dass andere Menschen *Sie* manipulieren: Dann impfen Sie sich selbst, indem Sie sich mit kleinen Dosen von Gegenargumenten zu Ihrer eigenen Meinung befassen. Aus diesem Grund lesen manche Menschen zum Beispiel eine Tageszeitung, die ihrer eigenen politischen Auffassung entgegengesetzt ist. Das erscheint auf den ersten Blick sehr weltoffen, auf den zweiten Blick kann es aber gerade die eigene Meinung verhärten.

3. Wenn Sie jemanden tatsächlich *umstimmen* wollen, kann es allerdings nach hinten losgehen, wenn Sie ihm ständig Gegenargumente zu seiner Meinung unter die Nase reiben: Sie könnten ihn damit unge-

wollt »impfen«, und am Ende ist er immun gegen jeden Überzeugungsversuch. Wir haben ja schon öfter in diesem Buch gelesen, dass Argumente meist ohnehin nicht so wichtig sind. Versuchen Sie es lieber mit Gefühl oder einem kompetenten Auftritt.

Wo zeigt sich die Einstellungsimpfung in meinem Leben konkret?

Bernard, M. M., Maio, G. R., Olson, J. M. (2003): *The Vulnerability of Values to Attack: Inoculation of Values and Value-Relevant Attitudes*. Personality and Social Psychology Bulletin, 29, 63–75.

McGuire, W. (1964): *Inducing Resistance to Persuasion: Some Contemporary Approaches*. In L. Berkowitz (Hrsg.), *Advances in Experimental Social Psychology*, Band 1, 191–229. New York: Academic Press.

STRAFE MUSS (GUT) SEIN

Mit »injunktiven Normen« können Sie Ihren
Mitmenschen unerwünschtes Verhalten
am besten austreiben

Sie sind zum Vorsitzenden eines Hundezuchtvereins
gewählt worden. Zu den wichtigen wöchentlichen Sit-
zungen kommen dieselben beiden Mitglieder immer zu
spät. Was tun Sie, um die Disziplin etwas anzukurbeln?

☐ Ich führe eine Geldstrafe ein: Wer zu spät kommt,
muss 20 Euro in die allgemeine Futterkasse zahlen.

☐ Ich rede allen anderen ins Gewissen, dass sie immer ganz besonders pünktlich kommen – und damit
keinen Zweifel daran lassen, dass dies ein pünktli-
cher Verein ist.

☐ Ich sorge dafür, dass alle Menschen und Hunde sich
jedes Mal kopfschüttelnd abwenden, wenn jemand
zu spät kommt.

Grundsätzlich funktionieren alle drei Möglichkeiten –
nur wirken manche besser und länger als andere.
Das zeigt zum Beispiel folgender Versuch: Man lässt
Probanden jeweils in Vierergruppen ein Spiel spielen

und testet, wie sich die Spieler am wirkungsvollsten davon abhalten lassen, zu schummeln.

– Die erste Gruppe bestraft Schummler mit einer Geldstrafe.
– Die zweite Gruppe bestraft Schummler mit sozialer Missbilligung – die Spieler reagieren einfach empört darauf, wenn jemand schummelt.
– Die dritte Gruppe bestraft Schummler gar nicht.

In den ersten beiden Gruppen wird tatsächlich weniger geschummelt als in der dritten – die Geldstrafe wirkt dabei sogar noch etwas besser als die soziale Missbilligung.

Nach sieben Runden aber sagt man den Probanden, die Strafen seien nun aufgehoben. Von einer Sekunde auf die nächste wird jetzt in der Geldstrafen-Gruppe wieder genauso viel geschummelt wie in der dritten Gruppe, in der es nie eine Strafe gab.

Nur in der zweiten Gruppe spielen die Probanden auch jetzt noch fair, nachdem die Strafe offiziell abgeschafft ist. Die soziale Missbilligung wirkt also länger als die Geldstrafe – der Effekt hält sogar noch an, wenn die anderen Spieler sich gar nicht mehr demonstrativ empören.

Zu erklären ist das wohl mit unserem unstillbaren Verlangen danach, geliebt zu werden. Haben wir einmal gemerkt, dass andere Menschen ein bestimmtes Verhalten nicht mögen, wirkt diese Erkenntnis offenbar selbst dann noch, wenn die anderen ihre Missbilligung nicht mehr deutlich zeigen. Die soziale Missbilligung lässt sich nicht einfach wieder »aufheben« wie eine Geldstrafe, die man einführt und wieder abschafft.

Diese soziale Missbilligung schafft eine sogenannte »injunktive Norm«: Sie macht deutlich, welches Verhalten die Menschen um uns herum richtig finden und welches falsch. Davon zu unterscheiden ist die sogenannte »deskriptive Norm«: Sie beschreibt, wie sich die meisten Menschen *tatsächlich* verhalten. Die injunktive Norm sagt also »Das *wollen* wir so«, die deskriptive sagt »Das *machen* wir so.«

Die beiden Normen überlagern sich und können sich in bestimmten Situationen auch widersprechen. Zum Beispiel wissen wir alle, dass man bei der Steuererklärung ehrlich sein soll (injunktive Norm). Andererseits wird Steuerhinterziehung nicht ohne Grund auch als »Volkssport« bezeichnet, weil eben viele hier und da schummeln (deskriptive Norm).

Das führt natürlich zu der Frage: Was wirkt stärker?

Dazu testet man, wie sich Probanden auf einem Parkplatz verhalten, wenn sie an ihrem Auto einen Flyer finden.

Die injunktive Norm ist dabei klar: Müll soll man nicht einfach auf einen Parkplatz werfen, sondern im Mülleimer entsorgen. Das wissen wir.

Man überprüft also, wie sich unterschiedliche deskriptive Normen auswirken. Im einen Fall ist der Parkplatz stark vermüllt, macht also als deskriptive Norm deutlich: In Wirklichkeit lassen hier viele Leute ihren Müll einfach fallen. Im anderen Fall ist der Platz sehr sauber und vermittelt die gegenteilige deskriptive Norm: Hier schmeißt keiner etwas auf den Boden.

Trotzdem werfen in beiden Fällen etwa gleich viele Probanden den Flyer auf den Parkplatz. Die Unterschiede in der deskriptiven Norm scheinen also keine großen Auswirkungen gegenüber der injunktiven Norm zu haben.

Um das zu bestätigen, lenkt man nun die Aufmerksamkeit der Probanden im einen Fall sicherheitshalber noch mal ganz bewusst auf die deskriptive Norm: Ein Lockvogel kommt vorbei und lässt einfach Müll fallen, damit der Proband auch wirklich bewusst wahrnimmt, wie vermüllt beziehungsweise sauber es auf dem Parkplatz tatsächlich ist. Im zweiten Fall lenkt man die Aufmerksamkeit geschickt auf die injunktive Norm: Hier hebt der Lockvogel Müll vom Boden auf, um den Probanden noch einmal zu verdeutlichen: »Das gehört nicht auf den Boden.«

Und siehe da: Im zweiten Fall werfen viel weniger Probanden ihren Flyer weg als im ersten – und zwar unabhängig davon, wie viel Müll auf dem Parkplatz schon herumliegt.

Die injunktive Norm wirkt also tatsächlich stärker als die deskriptive.

Damit zurück zum Beispiel von oben: Den besten Effekt erreichen Sie, wenn Sie die Zuspätkommer sozial ächten, wenn Sie ein Klima schaffen, das signalisiert: So etwas *wollen* wir hier nicht. Das wirkt auf längere Sicht besser als eine Geldstrafe oder sonstige Strafe. Und auch besser als die bloße Botschaft »So etwas *machen* wir hier nicht.«

Diese Strategie können Sie nicht nur im Hundezucht- verein anwenden. Sondern auch im Katzenzuchtverein. Oder sogar ganz woanders: bei der Arbeit, in der Fami- lie, bei den Nachbarn.

Wo wirken injunktive und deskriptive Normen in meinem Leben konkret?

Nelissen, R. M. A., Mulder, L. B. (2013): *What Makes a Sanction «Stick«? The Effects of Financial and Social Sanctions on Norm Compliance*. Social Influence, 8, 70–80.

Cialdini, R. B., Reno, R. R., Kallgren, C. A. (1990): *A Focus Theory of Normative Conduct: Recycling the Concept of Norms to Reduce Littering in Public Places*. Journal of Personality and Social Psychology, 58, 1015–1026.

Reno, R. R., Cialdini, R. B., Kallgren, C. A. (1993): *The Transsituational Influence of Social Norms*. Journal of Personality and Social Psychology, 64, 104–112.

WARUM ES SINNVOLL SEIN KANN, MIT DEM RAUCHEN ERST NÄCHSTEN MONAT AUFZUHÖREN

Mit »ironischen Prozessen« erreichen
Sie genau das Gegenteil dessen,
was Sie wollen

> Denken Sie *nicht* an eine lila Kuh.

Woran denken Sie gerade?

Macht es »Muh« und Schokolade?

Dann könnten Sie einem sogenannten »ironischen Prozess« auf den Leim gegangen sein: Nehmen wir uns vor, an etwas *nicht* zu denken, kann uns genau dieser Gedanke regelrecht verfolgen.

Dabei sind lila Kühe noch das geringste Problem. Aber wie oft wollen wir unser Leben kontrollieren, indem wir etwas *nicht* tun, zum Beispiel die Tafel Schokolade mal *nicht* gleich ganz aufessen? Oder an etwas *nicht* denken, zum Beispiel kurz vorm Einschlafen an die unverschämten Sprüche der Kollegin von heute Morgen? Wer sein Leben auf diese Weise kontrollieren möchte, sollte zumindest etwas mehr über das Phänomen des ironischen Prozesses wissen.

Im klassischen Experiment dazu bittet man Probanden, *nicht* an einen weißen Bären zu denken. Dann sollen sie fünf Minuten lang ihrem sogenannten »Bewusstseinsstrom« (»Stream of Consciousness«) freien Lauf lassen: Ununterbrochen laut denken und alles vor sich hin plappern, was ihnen gerade in den Sinn kommt. Also das, was manche unserer geschätzten Mitmenschen ohnehin den ganzen Tag tun. Jedes Mal, wenn sie »weißer Bär« sagen oder denken, sollen sie mit einer Glocke auf dem Tisch vor ihnen klingeln.

Dann dreht man die Anweisungen um: Nun sollen die Probanden *ganz gezielt* an einen weißen Bären denken. Und wieder ihren Bewusstseinsstrom kundtun und wieder die Glocke läuten, wenn der weiße Bär auftaucht.

Unterschiedliche Gruppen bekommen diese beiden Anweisungen in unterschiedlicher Reihenfolge: Gruppe 1 soll erst den Gedanken an den Bären unterdrücken, dann bewusst an den weißen Bären denken. Gruppe 2 soll erst gezielt an den weißen Bären denken und dann den weißen Bären aus ihren Gedanken verbannen.

Niemandem gelingt es dabei, seine Gedanken zu unterdrücken: Im Schnitt mindestens einmal pro Minute denken die Probanden an den verbotenen Bären, während sie es nicht sollen. Das ist ganz schön oft für etwas, das man nicht tun will!

Besonders interessant ist aber: Wer in Gruppe 1 ist, also den weißen Bären zuerst unterdrücken soll, der denkt hinterher noch wesentlich häufiger an den Bären als jemand, der von vornherein die Aufgabe hat, möglichst oft an das Tier zu denken – also in Gruppe 2 ist. Offenbar hat das Gehirn einen Nachholbedarf, wenn es eine Zeitlang versucht hat, einen Gedanken zu unterdrücken: Es erleidet einen regelrechten Rückfall, bei dem es sogar noch viel öfter den verbotenen Gedanken denkt als vorher. Unterdrücken wir etwas, wirkt sich diese Mühe also später genau in ihr Gegenteil aus.

In einem weiteren Versuch sagt man den Probanden, sie sollen jedes Mal an einen roten Volkswagen denken, wenn der weiße Bär auftaucht. Auch dadurch verschwindet der weiße Bär zwar nicht. Aber diesmal ist der Rückfalleffekt wesentlich schwächer. Eine solche »Umleitung« auf einen ganz bestimmten, immer gleichen Alternativ-Gedanken nennen wir in der Fachsprache eine »fokussierte Ablenkung«.

Ironische Prozesse treten nicht nur bei Gedanken auf, sondern auch bei Handlungen: Gibt man Probanden zum Beispiel ein Pendel in die Hand und sagt ihnen, sie sollen es auf gar keinen Fall in eine bestimmte Richtung ausschlagen lassen – dann tun sie genau das. Sie können es nicht unterdrücken. Der Effekt ist besonders stark, wenn die Probanden dabei noch eine andere Aufgabe bewältigen sollen, zum Beispiel von 1.000 in Dreierschritten rückwärts zählen oder in der anderen Hand einen schweren Ziegelstein halten.

Weil viele Leute gar nie ein Pendel in der Hand halten, hat man das Phänomen inzwischen an alltäglicheren Dingen überprüft und bestätigt: Lässt man Raucher eine Woche lang ihre Gedanken an Zigaretten unterdrücken, so rauchen sie hinterher viel mehr als eine Vergleichsgruppe, die ihre Gedanken nicht unterdrücken sollte. Und wer fünf Minuten nicht an Schokolade denken soll, isst hinterher wesentlich mehr als jemand, der seinen Gedanken einfach von vornherein freien Lauf ließ.

Was passiert hier?

Man geht davon aus, dass zwei Prozesse gleichzeitig ablaufen: Unbewusst fahren wir ein Kontrollprogramm, das ständig überwacht, ob der verbotene Gedanke irgendwo auftaucht. Ein zweites, bewusstes Programm soll dann den Gedanken unterdrücken, sobald das Kontrollprogramm Alarm schlägt. Unbewusst ist der verbotene Gedanke damit ständig präsent – denn das unbewusste Programm muss ja wissen, wonach es suchen soll. Es läuft quasi ständig mit einem Phantombild des Verbotenen durch die Gegend. Und diese *unbewusste* Präsenz gewinnt dann manchmal die Überhand über unser Bewusstsein – vor allem, wenn das Bewusstsein gerade mit anderen Dingen beschäftigt und ausgelastet ist.

Das ist nicht nur dann unpraktisch, wenn es darum geht, lästig-liebgewordene Gewohnheiten loszuwerden (»Heute werde ich den ganzen Tag nicht an Zigaretten denken!« oder »Heute starre ich meinem sexy Kollegen mal nicht dauernd auf den Hintern.«). Auch handfeste psychische Krankheiten wie Depressionen oder Angststörungen versucht man oft zu behandeln, indem man bisherige Denkmuster aufbricht. Aber je mehr man den Patienten eintrichtert »Denk am besten nicht an XY«, desto mächtiger schwebt genau dieser Gedanke in ihrem Unbewussten – und schlägt sich irgendwann umso stärker seinen Weg ins Bewusstsein frei. Wer unter Schlafstörungen leidet und sich abends im Bett ständig sagt »Jetzt denke ich nicht an mein Schlafproblem, sondern schlafe einfach« – der wird genau das Gegenteil davon erreichen. Die ironischen Prozesse haben uns also im Kleinen wie im Großen fest in ihrer ironischen Hand.

Seien Sie daher vorsichtig, wenn Sie Probleme damit lösen wollen, einen Gedanken oder eine Handlung »einfach« zu unterdrücken. Wollen Sie mehr mentale Kontrolle über sich gewinnen, können Sie aber die beiden folgenden Erkenntnisse für sich nutzen: Zum einen hilft die »fokussierte Ablenkung«. Legen Sie von vornherein eine ganz bestimmte Sache fest, an die Sie immer sofort denken, wenn der »schlimme« Gedanke auftaucht. Der Ablenk-Gedanke sollte natürlich nicht ebenfalls aus der unerwünschten Kategorie kommen: »Statt schwarzer Schokolade denke ich jetzt einfach an weiße Schokolade.« Besser funktioniert es so: Schokolade = Eiffelturm. Damit vermeiden Sie zumindest noch schwerere Rückfälle.

Zum anderen können Sie sich besser mental kontrollieren, je mehr Kapazität in Ihrem Gehirn gerade frei ist. Wollen Sie eine Eigenschaft ändern, versuchen Sie es also nicht unbedingt dann, wenn Ihr Gehirn anderweitig besonders ausgelastet ist – weil Sie bei der Arbeit gerade besonders gestresst sind, bei einem Marathon mitlaufen, oder weil Ihre Partnerin oder der Presslufthammer auf der Baustelle nebenan gerade besonders nervt. Sie riskieren sonst nicht nur, dass es nicht klappt – damit hätten Sie ja nichts zu verlieren. Sie riskieren, dass Sie genau das Gegenteil dessen erreichen, was Sie wollen: dass Sie am Ende noch mehr im Internet surfen, noch mehr Erdnussflips essen, sich noch öfter über Ihre Schwester aufregen.

»Momentan ist keine gute Zeit, um mit der Diät anzufangen«, ist also nicht nur eine Ausrede. Zumindest nicht immer. Stellen Sie allerdings fest, dass *nie* eine gute Zeit für etwas ist, das Sie gern erreichen wollen, kann es sich lohnen, erst mal woanders anzusetzen: an den Stressquellen, die auf den ersten Blick eigentlich gar nichts mit der Eigenschaft zu tun haben, die Sie los werden wollen.

Also nehmen wir den Druck raus: Denken Sie jetzt wieder ganz genüsslich an eine lila Kuh. Den ganzen Tag lang.

Wo zeigen sich ironische Prozesse in meinem Leben konkret?

Wegner, D. M., Schneider, D. J., Carter, S. R., White, T. L. (1987): *Paradoxical Effects of Thoughts Suppression.* Journal of Personality and Social Psychology, 53, 5–13.

Wegner, D. M., Ansfield, M., Piloff, D. (1998): *The Putt and the Pendulum: Ironic Effects of the Mental Control of Action.* Psychological Science, 9, 196–199.

Erskine, J. A. K., Georgiou, G., Kvavilashvili, L. (2010): *I Suppress Therefore I Smoke: The Effects of Thought Suppression on Smoking Behaviour.* Psychological Science, 21, 1225–1230.

Erskine, J. A. K. (2008): *Resistance Can Be Futile: Investigating Behavioural Rebound.* Appetite, 50, 415–421.

Wenzlaff, R. M., Wegner, D. M., Roper, D. W. (1988): *Depression and Mental Control: The Resurgence of Unwanted Negative Thoughts*. Journal of Personality and Social Psychology, 55, 882–892.

Ansfield, M. E., Wegner, D. M., Bowser, R. (1996): *Ironic Effects of Sleep Urgency*. Behaviour Research and Therapy, 34, 523–531.

Wegner, D. M. (1994): *Ironic Processes of Mental Control*. Psychological Review, 101, 34–52.

LASSEN SIE SICH KEINE LÖCHER
IN DEN KOPF FRAGEN

Die »Aussageverzerrung« macht Fragen gefährlich

> Hatte Ihre Grundschullehrerin damals nun eigentlich
> ein Verhältnis mit dem Hausmeister oder nicht?

Sicher kursierten solche Fragen auch bei Ihnen; wenn
es nicht die Lehrerin mit dem Hausmeister war, dann
vielleicht mit einem Kollegen. Oder man fragte sich:
Steht Kai auf Silvia? Sind die Maier-Leuchtenbergs Millionäre? Hat Frau Schneckenschreck nur das eine Kleid?

Und heute können wir uns oft nicht mehr so recht
daran erinnern, dass das damals alles nur *Fragen* waren. In der Erinnerung *gab* es den Sex, die Millionen
und nur das eine Kleid im Kleiderschrank.

Denn unser Gehirn neigt dazu, Fragezeichen ganz
schnell wieder zu vergessen: In einer Studie legt man
Probanden verschiedene Sätze vor – manchen Probanden in der Form einer Frage, anderen in der Form einer
Aussage. Inhaltlich geht es entweder um Biologie, zum
Beispiel so:

»Süßwasserschlangen schwimmen die Hälfte der Zeit auf dem Rücken.«

Oder um Mathematik, zum Beispiel so:

»Ist jede memorphe Funktion eine homomorphe Funktion?« (Äh … ja. So lauten solche Sätze zum Thema Mathematik.)

Hinterher sollen die Probanden angeben, ob sie den Satz kurz zuvor als Frage oder als Aussage gelesen haben.

Das Ergebnis: Die meisten glauben, dass sie einen Aussagesatz gelesen haben, selbst wenn es in Wirklichkeit eine Frage war. Sie verwechseln Fragen also viel häufiger mit Aussagen als umgekehrt. Das nennen wir in der Fachsprache »Aussageverzerrung« (»Statement Bias«).

Auffällig: Die Aussageverzerrung tritt viel stärker bei den Biologie-Sätzen auf als bei den Mathe-Sätzen. Das gilt selbst für Sätze, die ganz offensichtlich inhaltlich falsch sind, zum Beispiel: »Essen Ameisenbären hauptsächlich Pflanzen?« Selbst hier vergessen wir schnell, ob es da ein Fragezeichen gab oder nicht.

Der Effekt lässt sich auch bei anderen Inhalten zeigen, zum Beispiel mit Sätzen aus der Werbung. Hier halten wir uns ja gern für besonders kritisch und sind uns ganz sicher, dass *wir* uns nichts einreden lassen. Schon gar nicht durch Fragen, die womöglich Suggestivfragen sind und uns etwas verkaufen wollen. Trotzdem tritt auch hier der Effekt unvermindert auf. So kritisch sind wir dann scheinbar auch wieder nicht.

Warum löscht unser Gehirn die Fragezeichen so schnell?

Offenbar haben wir kein geeignetes Format, um sie abzuspeichern. Unser Gedächtnis speichert zu jedem Satz eine Vorstellung, egal, ob Frage oder Aussage. Die Frage »Schwimmen Süßwasserschlangen die Hälfte der Zeit auf dem Rücken?« ruft in unserem Kopf das Bild einer Süßwasserschlange auf dem Rücken hervor – und dieses Bild landet als sogenannte »Repräsentation« in unserem Gedächtnis. Genauso, als hätten wir den Aussagesatz »Süßwasserschlangen schwimmen die Hälfte der Zeit auf dem Rücken.« gehört. Beide Sätze werden in unserem Gedächtnis genau gleich repräsentiert – Satzzeichen kommen in diesem Bild nicht vor.

Nun werden Sie sich auch denken können, warum die Aussageverzerrung in dem Experiment oben eher bei den Biologie-Sätzen auftritt als bei den Mathe-Sätzen. Denn welche Vorstellung löst der Satz »Jede memorphe Funktion ist eine homomorphe Funktion.« bei Ihnen aus? Eben: Keine, wenn Sie nicht gerade Mathematik studiert haben. Unverständliche Fragen wandeln sich in unserem Kopf nicht so leicht in Aussagen um, weil sie keine Vorstellung erzeugen, die sich einbrennen kann. Verständliche hingegen schon, selbst wenn die Aussage ganz offensichtlich falsch ist.

Das Gleiche gilt übrigens auch für verneinte Sätze: »Hoffentlich stürzt mein Flugzeug nicht ab« erzeugt im Kopf eben genau die Vorstellung davon, *dass* es abstürzt. Für das »nicht« ist kein Speicherplatz vorgesehen.

Fragen und negative Aussagen können also gefährlich sein – oder nützlich, je nachdem. Wer fragt oder verneint, streut in Wirklichkeit positive Aussagen in die Köpfe der Menschen. Und das gilt nicht nur für Fragen, die wir uns damals in der Grundschule stellten. Auch heute ist die Welt voll von Fragen und Verneinungen: Ist die neue Kollegin über die Besetzungscouch in die Abteilung gekommen? Hat die Nachbarin Alzheimer? Wird mein Unternehmen demnächst Leute entlassen? Nein, meine Haare sind nicht gefärbt.

Aus diesem Grund hat der Bundesgerichtshof in Deutschland zum Beispiel Suchmaschinen verpflichtet, automatische Suchvorschläge zu löschen, wenn sie die Ehre einer Person verletzen und diese Person sich daran stört – obwohl diese Suchvorschläge ja »nur« wiedergeben, welche »Fragen« andere Nutzer an die Suchmaschine stellen.

Ganz besonders raffiniert wirkt die Aussageverzerrung mit etwas zusammen, das wir als den »Wahrheitseffekt« kennen: Menschen glauben eine Aussage tatsächlich eher, je öfter sie diese Aussage hören. Das liegt an der Gewöhnung, Sie erinnern sich: Unser Gehirn liebt alles, was ihm vertraut ist. Wenn sich nun Fragen und Verneinungen genauso wie Aussagen ins Gedächtnis brennen, dann können Sie eine Wahrheit ganz leicht herbeifragen oder herbeiverneinen: Mit einem Satz wie »Ich denke nicht, dass der Kollege XY überfordert ist.«

gegenüber dem Chef fallen Sie Ihrem Kollegen zum Beispiel ziemlich hinterhältig in den Rücken.

Und wir schließen dieses Kapitel mit der Frage ab: »Ist dieses Buch eigentlich das beste, das Sie je gelesen haben?«

Wo wirkt die Aussageverzerrung in meinem Leben konkret?

Pandelaere, M., Dewitte, S. (2006): *Is this a Question? Not for Long: The Statement Bias*. Journal of Experimental Psychology, 42, 525–531.

Townsend, D., Bever, T. (2001): *Sentence Comprehension: The Integration of Habits and Rules*. Cambridge: MIT Press.

Gilbert, D. T., Krull, D. S., Malone, P. S. (1990): *Unbelieving the Unbelievable: Some Problems in the Rejection of False Information*. Journal of Personality and Social Psychology, 59, 601–613.

MACHEN SIE SICH DIE WELT, WIE SIE IHNEN GEFÄLLT (UND MELDEN SIE SICH DOCH MAL WIEDER BEI UNS)

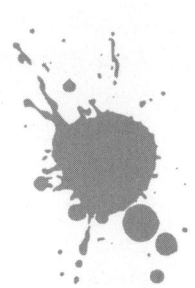

Über den »Hawthorne-Effekt« können Sie viele Dinge erfolgreich anzweifeln – in diesem Buch, auf der Arbeit und zu Hause

> Welche Möglichkeiten haben Sie, wenn Ihnen irgendetwas nicht gefällt, das Sie in diesem Buch gelesen haben?

Sehr viele. Sie können uns zum Beispiel eine wütende E-Mail schreiben – die Adresse finden Sie unten. Formulierungen, die sich anbieten und die geschätzte Mitlesende bereits genutzt haben, sind zum Beispiel: »So einen Quatsch habe ich ja noch nie gehört, Sie Schwachköpfe!« (offenbar zur Hörbuchversion). Oder: »Verantwortungslose Schmalspurpsychologen wie Sie gehören selber in die Klapse«.

Natürlich können Sie uns auch im umgekehrten Fall eine wütende E-Mail schreiben, wenn sich die Erkenntnisse aus diesem Buch exakt mit Ihren Erfahrungen decken: »Wusste ich alles schon – nichts Neues in diesem Buch!«

Sie können uns also in jedem Fall eine wütende E-Mail schreiben.

Die zweite Möglichkeit: Sie führen Ihr eigenes Gegenexperiment durch! Wenn Sie die Stichprobe nur genügend groß oder genügend klein machen und es immer wieder versuchen, dann können Sie zu jedem hier vorgestellten Experimente immer auch das Gegenteil beweisen. Deshalb gibt es auch praktisch kein Experiment, das nicht mehr oder weniger umstritten ist. Das wollen wir Ihnen nicht vorenthalten, nachdem wir Ihnen nun so viele Studienergebnisse um die Augen gehauen haben.

Drittens können Sie auch nach Schwachstellen des jeweiligen Experiments suchen. Sie können zum einen die sogenannte »interne Validität« angreifen. Interne Validität bedeutet: Der beobachtete Effekt in dem jeweiligen Versuch lässt sich auch tatsächlich gerade auf die Ursachen zurückführen, die man im betreffenden Experiment testen wollte. Um sie anzuzweifeln, müssen Sie nur nach sogenannten »Störvariablen« suchen, also nach einer natürlichen anderen Erklärung für das Ergebnis. Man sagt also im Prinzip: Diese Statistik ist wie ein Bikini – die eigentlichen Dinge werden von ihr verdeckt.

Denken Sie zum Beispiel an das Experiment zum sozialen Faulenzen, mit dem man belegen wollte, dass Teams der Motivation des Einzelnen schaden: Die Probanden zogen tatsächlich alleine besser an einem Seil als in der Gruppe. Aber vielleicht lag das gar nicht an der Motivation, sondern einfach an den Koordinierungsproblemen in der Gruppe? Also schaltete man diese Störvariable aus: Man verband den Leuten die Augen und *sagte* ihnen nur, sie würden in der Gruppe ziehen. In Wirklichkeit waren sie nach wie vor allein. Trotzdem zogen sie schlechter.

Oder Sie stürzen sich auf die »externe Validität«: Sie liegt nur vor, wenn sich die Ergebnisse eines Experiments auch auf das normale Leben übertragen lassen, außerhalb der künstlichen Umgebung von Labor und

Institut. Wenn die Ergebnisse also verallgemeinerungsfähig sind.

Erinnern Sie sich zum Beispiel an das Experiment mit den Kakerlaken? Bei dem man eine Kakerlaken-Rennbahn gebaut, kakerlakische Zuschauer in gläsernen Logen festgehalten hat und herausfand: Sie laufen schneller, wenn ihnen »jemand« zuschaut? Hier darf man sich mit Fug und Recht fragen, ob Kakerlaken in der freien Müllbahn auch so reagiert hätten. Und erst recht: Ob Menschen so reagieren wie Kakerlaken. Deshalb wurde das Experiment später an Menschen wiederholt, man sagt auch »repliziert«. Je öfter ein Experiment erfolgreich, also mit dem gleichen Ergebnis, repliziert werden kann, desto mehr spricht das für seine externe Validität.

Bei allen drei Möglichkeiten hilft es, den sogenannten »Hawthorne-Effekt« zu kennen. Den hat man schon sehr früh und eher zufällig entdeckt. Und der Entdecker hieß noch nicht einmal Hawthorne. Das Experiment fand nur in den Hawthorne-Werken der *Western Electric Company* in Chicago statt. Dort wollte man in den 1920er Jahren untersuchen, wie man die Mitarbeiter besser motivieren kann – also das gleiche Wundermittel, nach dem man heute immer noch sucht.

Jedenfalls hat man zum Beispiel ausprobiert, ob die Leute besser arbeiten, wenn man ihren Arbeitsplatz besser beleuchtet (mit diesem Ansatz war man damals offenbar einigen heutigen Arbeitgebern schon etwas voraus). Und siehe da: Tatsächlich leisteten die Arbeiter, denen man freundlicherweise etwas mehr Licht spendiert hatte, plötzlich mehr. Allerdings: Auch die Leute in der Kontrollgruppe, die im selben Schummerlicht wie vorher arbeiten mussten, leisteten mehr.

Der Effekt ließ sich also nicht mit veränderten Lichtverhältnissen erklären. Vielmehr war es wohl so, dass *alle* besser arbeiteten, weil man ihnen gesagt hatte, dass gerade Untersuchungen im Unternehmen durchgeführt würden. Weil »die Forschung« im Haus war. Die interne Validität war also dahin. Und der Hawthorne-Effekt gilt bis heute als böse Falle, mit der man sich bei jedem Experiment ganz schnell seine interne Validität zerstören kann: Menschen verhalten sich grundsätzlich anders, wenn sie wissen, dass sie an einer Studie teilnehmen.

Deshalb greifen die Profis zum Trick der sogenannten »Coverstory«. So heißen nicht nur die Enthüllungsgeschichten auf den Titelseiten von Zeitschriften.

Sondern auch Geschichten, die erstunken und erlogen sind.

Sicher ist Ihnen aufgefallen, dass bei den Versuchen oft die Rede davon war, dass den Probanden etwas »gesagt wurde«, das aber nicht der Wahrheit entsprach. Man will also um jeden Preis verschleiern, worum es in dem Versuch wirklich geht. Zur Not gibt man zu, dass es sich um einen Versuch handelt, erfindet aber einen ganz anderen Inhalt. Zum Beispiel sagt man den Leuten, es ginge um einen Sehtest, in Wirklichkeit testet man Vorurteile. Damit erreicht man, dass sich die Probanden zumindest hinsichtlich der Eigenschaft, die getestet werden soll, einigermaßen normal verhalten.

Nun haben Sie noch ein wenig Hintergrundwissen zu den Versuchen angehäuft, über die Sie in diesem Buch gelesen haben. Aber auch das letzte Kapitel wollen wir natürlich nicht schließen, ohne zu schauen, was Sie aus diesem Wissen für Ihren ganz normalen Alltag nutzen können.

Da gibt es verschiedene Möglichkeiten:

1. Wenn Sie einmal selbst ein Experiment durchführen wollen, vielleicht mit Ihren Freundinnen oder Kollegen, dann überlegen Sie sich eine gute Coverstory.
2. Wollen Sie Studienergebnisse anzweifeln, dann sagen Sie, sie seien weder intern noch extern valide. Studien gibt es ja nicht nur in der Wissenschaft. Gerade in Unternehmen wird uns oft gesagt, man habe dies und das »untersucht« und dann etwas »herausgefunden« – manchmal mithilfe einer externen Unternehmensberatung, manchmal stellen die Chefs ihre eigenen »Studien« an. Passt Ihnen das Ergebnis nicht, dann haben Sie jetzt ein bisschen Handwerkszeug, um ein unseriöses Ergebnis seriös auseinanderzunehmen.
3. Den Hawthorne-Effekt können Sie natürlich auch positiv nutzen. Das Experiment von damals zeigt ja geradezu mustergültig, wie man Menschen wirklich dazu bringen kann, besser zu arbeiten: Führen Sie einfach eine »Studie« durch – oder sagen Sie zumin-

dest, es würde in Ihrer Abteilung eine Studie oder ein »Audit« oder wie man das heute noch alles nennen kann, durchgeführt. Allein das erhöht die Motivation. Zu Hause können Sie sagen, es filme ein Kamerateam von RTL II mit sehr versteckter Kamera.

Übrigens haben uns die allermeisten von Ihnen zu unserem letzten Buch sehr freundliche E-Mails geschrieben – aber das wissen Sie ja selbst. Darüber haben wir uns sehr gefreut und dafür danken wir Ihnen von Herzen.

Wäre schön, auch weiterhin von Ihnen zu hören:
- **Wie decken sich Ihre Erfahrungen mit den Beschreibungen in diesem Buch?**
- **Was funktioniert bei Ihnen gut? Was weniger gut?**
- **Welche Fragen bleiben offen, welche Themen wünschen Sie sich noch?**

Bis bald!
Dr. Volker Kitz & Dr. Manuel Tusch

www.kitz-tusch.com
mail@kitz-tusch.com

Aronson, E., Wilson, T. D., Akert, R. M. (2008): *Sozialpsychologie*. 6. Auflage, München: Pearson Studium. S. 40–44. (Aber auch der Rest des Buches ist sehr empfehlenswert, wenn Sie tiefer einstiegen möchten!)

Roethlisberger, F. J., Dickson, W. J., Wright, H. A. (1966): *Management and the Worker. An Account of a Research Program Conducted by the Western Electric Company. Hawthorne Works, Chicago*. 14. Auflage, Cambridge: Harvard University Press.

SIE WOLLEN MEHR?

Veranstaltungen mit Dr. Kitz & Dr. Tusch –
öffentlich oder ganz privat

Die Themen in diesem Buch haben Ihnen gefallen?
Dann haben Sie zwei Möglichkeiten:

- Erleben Sie Dr. Kitz & Dr. Tusch live. Lassen Sie sich anstecken von einer ganz besonderen Stimmung und kommen Sie mit den Autoren persönlich ins Gespräch. Termine unter: www.kitz-tusch.com/de/termine

- Gewinnen Sie Dr. Kitz & Dr. Tusch für eine Veranstaltung in Ihrem Unternehmen oder in Ihrer Organisation. Mit unterhaltsamen Live-Experimenten bringen Dr. Kitz & Dr. Tusch jeden Saal zum Lachen, Lernen und Leben-Nutzen. Infos unter: www.kitz-tusch.com/de/inhouse

SO MACHEN SIE JEMANDEM EINE FREUDE UND STAUBEN SELBST DABEI AB

Empfehlen Sie dieses Buch weiter und gewinnen Sie ein tolles Paket mit neuen interessanten Büchern!

Den großen Erfolg unserer Bücher haben wir Ihnen zu verdanken, liebe Leserinnen und Leser. Sie lesen die Bücher nicht nur selbst, sondern empfehlen sie auch kräftig weiter – ein großer Teil unserer Leserschaft kam durch Mundpropaganda zu uns. Dafür wollen wir uns hiermit bei Ihnen bedanken und Ihnen in Zukunft etwas zurückgeben, und zwar so:

Sie kennen jemanden, dem dieses Buch auch gefallen könnte?

Schreiben Sie dieser Person eine kurze E-Mail mit Ihrer Empfehlung – und leiten Sie die gesendete E-Mail weiter an mail@kitz-tusch.com. Unter allen Einsendungen bis zum 30. Juni 2014 verlosen wir drei tolle Bücherpakete aus dem Heyne-Verlag.

Natürlich können Sie auch mehrere E-Mails an mehrere Personen schreiben und an uns weiterleiten – jede Empfehlung nimmt gesondert an der Auslosung teil.

Viel Glück!

STICHWORTVERZEICHNIS

Machen Sie Ihren Job zu Ihrem Traumjob!

Der *SPIEGEL*-Bestseller von Kitz & Tusch als Taschenbuch bei Heyne

978-3-453-65011-4

»Das Thema trifft ganz offensichtlich ins Mark der Gesellschaft.« *Der Tagesspiegel*